경영전략의 핵심 내용만을 다룬

성공하는 기업들의
경영전략 노트

이상훈 지음

■ 경영현장의 실제 경험과 경영컨설팅 과정에서의
생생한 사례 내용들이 녹아있는 경영전략 노트

 1. 비즈니스 모델의 여러 유형 소개
2. 경영전략 수립 템플릿 양식

교육의 길잡이·학생의 동반자
(주)교 학 사

[경영전략]에 대한 말과 글이 요즘처럼 빈번하게 회자되어지는 때도 없었던 거 같다. 그런데 [경영전략] 관련 전문 서적을 찾아보거나 경영전략 세미나를 찾아가 들어보면 느끼는 것이지만 핵심을 짚어 가며 알기 쉽게 설명해 줄 것을 기대했다가 이내 실망하게 하는 경우가 대부분이었다. 대개는 핵심에서 벗어나 있거나 핵심 주위에서 맴돌 뿐, 경영 현장에서 실제 적용하여 응용하여 사용할 수 있도록 하는 내용은 아니었다.

시중의 [경영전략] 관련 서적들은 크게 두 유형으로 나눌 수 있었는데, [경영전략]의 수립 절차와 분석 내용의 특정한 내용만을 자세히 설명하는 실무 중심의 책과 경영학적으로 많은 발자취를 남긴 주요 학자들의 학문적인 주장을 시대순으로 설명하는 이론 중심의 책으로 구분할 수 있었다. 그런데 특정의 치우친 내용만을 편중적으로 다루는 경우가 대부분이었고, [경영전략]을 이론 위주로만 설명하는 데에 치중한 책들의 대부분은 외국 유명 학자의 책을 그대로 번역하여 낸 책들이었는데, 내용상으로도 우리나라의 경영 사정과 상당한 거리감이 있는 내용들이 많아 아쉬움을 가질 때도 많았다.

그러던 중에 동양 고전중의 하나인 [대학(大學)]의 첫 머리 내용에 나오는 문구인 [격물치지(格物致知)], 이 네 글자가 눈에 유난히 띄는 것이었다. [격물치지 格物致知]에 담긴 의미는 특정의 복잡하고 광대한 내용을 담은 대상을 이해하고자 하려면 내용의 핵심 요소와 부가적인 요소를 엄밀히 나누어서(격물: 格物) 순차적으로, 단계적으로 하나씩 내려가며 이해하면 비로소 앎에 이르게 된다(치지: 致知)는 것이었는데, 이 의미는 나에게 큰 울림으로 다가왔다. 이 울림은 [경영전략]에 관해 내가 자료로 소장하고 있고 경영컨설팅 현장에서 활용하였던 개념과 방법, 분석 도구들을 책으로 펴내 정리해 보자는 강한 동기와 계기를 마련해 주었다.

이 책을 집필하기에 앞서 경영 현장에서 수집하였던 [경영전략] 관련 자료와 서점, 도서관 서가에 소장되어 있는 유관 자료에 대한 수집 및 정리 작업을 맨 먼저 진행하였다. 그리고 경영컨설팅 과정에서 겪었던 CEO와의 면담 기회를 통해 얻은 인터뷰와 대화 시간은 이 책을 완성하는 데에 귀한 밑거름이 되어주었다.

이 책을 쓰게 된 목적은 경영 혹은 비즈니스 현장에서 분투하고 있는 경영인, 사업가, 전략 기획부서의 직장인들에게 [경영전략]에 대한 명확한 이해를 기반으로 유용한 기법을 활용하여 경영 및 비즈니스 활동에서의 의사결정, 계획 수립을 성공적으로 진행하고 전략 기획 업무를 원활히 수행할 수 있도록 하는 데 도움을 주자는데 있다.

약 3년여에 걸친 준비 및 집필 기간 동안 [경영전략]에 대해 깨닫게 된 내용은 이러했다. [경영전략]을 구성하고 있는 핵심 요소는 [비전/목표], [전략 컨텐츠], [리더십], [혁신 마인드], [실행 활동] 이 다섯 가지 요소라는 점이었다.

그리고 [경영전략]은 강력한 리더십과 혁신 마인드로 무장된 리더에 의해 체계적인 과정을 거쳐 수립되어져서 경영 비전과 목표의 실현과 달성을 위해 동기 부여되고 활력이 충만해진 조직의 구성원에 의해 실행되어질 때 지향하는 가치가 비로소 실현될 수 있다는 점을 깨달을 수 있었다.

이 책을 쓸 때 특히 주의를 기울인 것은 가능한 한 핵심만을 추려서 쉽고 간결하게 서술하려 노력하였다. 쉽고 간결하게 표현하는 것이 목표하는 대상을 이해하고 몸으로 익히는 데에 지름길이 되어 준다는 것도 앞서 설명한 사자성어 [격물치지 格物致知]가 가르쳐 준 메시지이기도 하였다.

[경영전략]의 다섯 가지 요소를 중심으로 핵심 내용을 간단명료하게 설명하려 노력을 기울였고 [경영전략]을 수립하는 데 필수적인 분석 기법과 방법을 엄선하여 도표와 그림으로써 이해를 도우려 나름 중점을 두었다.

동서고금의 명저로 인정받고 있는 [손자병법]의 경우를 보자면, 중국 춘추전국 시대에 제후 간의 치열한 전쟁을 직접 겪었던 손자가 다양한 실례와 역사적 기록, 실제 경험을 바탕으로 전쟁을 어떻게 치러야 하는가를 '13편, 6,000자' 라는 짧은 글 속에 함축적으로 담아내었는데도 불구하고 그 내용은 본질적이고 근원적인 내용을 담고 있는 것으로 평가받고 있다. 형식적으로 긴 내용을 담고 있어야 유익한 컨텐츠를 담고 있을 것이라는 상식과 편견을 무너뜨리는 사례라고 할 수 있다.

이 시간에도 치열한 경영 및 비즈니스 현장에서 고군분투하고 있는 이 땅의 수많은 사업가, 기업의 CEO, 임원, 관리자, 직원 그리고 경영 컨설턴트에게 이 책의 내용들이 조금이나마 도움이 되었으면 한다. 한 걸음 더 나아가 이 책이 메모지에 기록할 만하고 의미 있는 메시지가 넘쳐나는 [경영전략]에 관한 책으로 기억되어 졌으면 하는 바램을 마지막으로 가져 본다.

2019년 6월에

이 상 훈 씀

평생 자식의 안위를 위해 기도해 주시는 어머니와 이 책이 나오기까지 지속적인 격려와 도움을 주신 나 도성 교수님, 김 종수 선배님, 각종 자료 제공과 작성에 일익을 담당해 준 김 원일 아우 그리고 일일이 호명하지 못했지만 언제나 가까운 곳에서 함께하는 다정한 벗들과 늘 따뜻한 마음으로 응원을 해 주시는 원근 각처의 선후배님, 동료 경영컨설턴트에게 감사의 말씀을 전합니다.

끝으로 언제나 믿음, 소망, 사랑 가운데 합력하여 선을 이루게 하시는 하나님께 감사드립니다.

촌철살인으로 경영전략의 맥을 짚다.

나 도성(한성대 지식서비스 & 컨설팅대학원 교수)

이 책은 컨설턴트다운 눈으로 경영 현장의 문제 해결을 위한 지름길을 제시했습니다. 항상 관심 깊게 지켜보아 왔던 이 상훈 컨설턴트가 경영전략의 방법론 지식을 밀도 있게 소개했습니다. 치열한 시장 경쟁에서 생존투쟁을 벌이는 기업인 그리고 기업 경영의 동반자 컨설턴트들이 언제 어디서나 옆에 두고 활용할 필수 지침서로 평가하고자 합니다.

10여년 이상의 기간 동안 대학 강단과 산업 현장을 오가며 '경영 컨설팅의 이론과 실제'를 강의하며 컨설턴트들에게 항상 기대해 왔던 경영 현장의 문제 해결을 위한 실무 지향형 서적이 드디어 출간되었습니다. 함께 축하하면서 널리 읽히고 활용되어 지길 바랍니다.

이 책에서 특별히 주목되어지는 세 가지 핵심 요소는 다음과 같습니다.

첫째, 경영전략의 수립과 실행을 위한 절차와 도구의 핵심 요소를 체계적, 논리적, 실질적으로 기술했습니다. 누구든 따라서 실천하기만 하면 최고의 전략가이자 실천가로서 역량을 갖추게 될 것입니다.

둘째, 전통적인 경영전략에서 소홀했던 리더십/동기부여, 혁신 마인드,

실행 활동, 문제 해결, 비즈니스 모델 요소 등을 새롭게 등장시켰습니다. 경영전략 수립이 현장 경영의 구체적이고 세밀한 실행과 직결되는 전략 경영의 완판본이 탄생했다고 할 수 있습니다.

셋째, 내용 중의 '여기서 잠깐'의 내용 코너를 통해 경영전략의 이론과 실제를 경영 현장에 적용할 때에 간과하거나 실수하기 쉬운 내용들을 꼭 짚어서 제시했습니다. 전반적으로 쉽게 풀어 쓴 경영전략 관련 전문 서적으로서 만화책처럼 즐기면서 한 눈에 쉽게 들어올 수 있도록 구성되어진 역작이라 할 수 있습니다.

목 차

머리글

추천의 글

03 경영전략 수립

04 리더십/동기부여

08 [비즈니스 모델(Business Model)] 분석 기법 활용하기

01

경영전략을
이해하기 위한 첫걸음

"백번을 싸워서 그때마다 이기는 것은 최선이 아니다. 상대방과 싸우지 않고
이기는 것이 최선이다. 최선의 방법으로는 전략으로 이기는 것이고, 차선은
외교로 이기는 것이고, 그 다음은 정면 대결로 상대방을 이기려 하는 것이다."
– 손자 –

"모든 일을 정확히 처리하기 위해서는 제대로 된 질문을 해야 하고 건전한
의문을 지니고 있어야 한다."
– 헨리 민쯔버그 –

경영이란 무엇인가?

■ 경영(經營, management)의 어원적 의미는 "조직의 목적을 달성하기 위해 행하는 모든 활동"이다.

▶ **經營 : 동양적 관점의 어원**

옷감을 짜고자 할 때 실(絲)의 씨줄과 날줄을 베틀(工)에 잘 맞추어서 작업을 하여 그 완성품인 옷감이 나오듯이 "여러 요소가 합쳐져서 소정의 목표를 달성하는 모든 활동"으로 정의할 수 있다.

▶ **management : 서양적 관점의 어원**

라틴어 manus는 '손(hand)'을 의미하는데, 이것이 바로 영어 단어 'manage'의 어원이다. manus는 사물을 다루는(handling) 것으로, 바라는 목표를 향해 사물의 움직임을 통제(controlling)하는 의미를 지니고 있다. 즉, **특정한 목적, 목표를 향해** 제반 요소를 다루는 것으로 그 의미를 찾아볼 수 있다.

● 경영에서는 전략적 의사결정에 관한 사항(전략 수립, 목표 설정, 비즈니스 모델 구상)과 운영 기능의 효율성(인사조직 관리, 재무 관리, 생산 관리, 마케팅 관리)에 관한 사항이 구체적으로 다루어진다.

[경영 = 방향의 설정 + 효율성 관리]

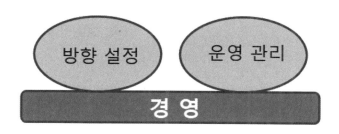

● 따라서 조직의 목적을 달성하기 위해 행하는 활동이나 과정, 기능, 수단 등을 총칭하여 "경영"이라 한다.

경영에 대해 이해하기 위해서는 기업에서 행해지는 경영이 무엇인가를 알아 보아야 한다. 기업들은 자신이 설정하고 있는 목적을 달성하기 위해서 특정의 활동을 하게 된다. 예를 들어 생산 활동에 필요한 자본이나 인력을 조달하고 생산 설비를 설치하고 운영, 유지하며 미래의 환경 변화에 대응하기 위해 계획을 세우고 실행해야만 조직의 목적을 효과적으로 달성할 수 있을 것이다. 이와 같이 기업 조직의 목적을 달성하기 위해 행하는 활동이나 과정, 기능 등을 통틀어서 [경영]이라 한다.

여기에서 활동 과정은 **계획(plan)**, **실행(do)**, **통제(see)**로 쪼갤 수 있다. [경영]이란 사람들을 통해서 조직의 의도된 목표를 달성하는 과정으로서 경영자에 의해 수행되는 기본적인 활동이다.

계획(plan)은 직면하고 있는 상황을 분석하여 미래에 추구할 목표를 정하고 이러한 목표를 가장 성공적으로 이루기 위하여 실행되어야 할 행동들을 미리 결정하는 것을 말한다.

실행(do)은 정해진 행동이 실제 이루어지는 기능을 지칭하며 이때 리더십, 동기부여, 조직화가 강조된다. 통제(see)는 실제의 성과를 측정하여 계획되었던 목표와 비교, 평가하고 부족하고 보완할 점은 점검, 수정하는 활동을 말한다.

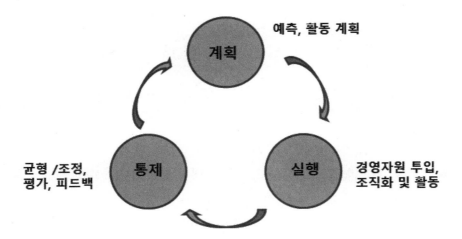

예측, 활동 계획

계획

통제

균형 /조정,
평가, 피드백

실행

경영자원 투입,
조직화 및 활동

여기서 잠깐

주변 지인 중 경영 현장의 책임자 위치에 있는 관리자에게 "[경영]은 무엇이라고 이해하고 계세요?"라는 질문을 던진 적이 있었다. 갑작스런 질문에 당황한 기색을 보이다가 "경영은 무언가를 운영하는 것, 돈을 투자하고 잘 관리하는 것, 뭐 그런 거 아닙니까?"라는 대답이 돌아왔다. [경영]을 막연하면서도 극히 한정된 범위의 활동으로 이해하고 있었다.

긍정적인 측면에서 이해하자면 [경영]이라는 활동이 우리 일상에서 일반화된 활동으로 자리 잡고 있기에 오히려 구체적인 답변을 내놓기가 어려울 수도 있겠구나 하는 생각도 할 수 있다. 그러나 [경영]에 대한 이해가 경영 활동의 현장에서도 부족했던 것은 무척 아쉽게 여겨지는 대목이었다.

많은 사람들이 [경영]에 대해 생각하는 것은 어떤 활동을 하고자 할 때 단순히 특정의 기능적인 면이나 결과적인 면만을 가지고 있는 것 같다. 경영의 과정적인 측면을 빠뜨리거나 치밀한 고민 없이 그 간의 관행이나 기준, 전통에 맞추어 큰 문제없이 적당히 활동하는 것을 [경영]으로 인식하는 오류를 범하고 있었다.

[경영]은 목표를 달성하기 위한 효과적인 방안을 여러 대안 중에서 선택해서 특정 자원을 투입하며 조직원에게 동기를 부여하고 조직에 활력을 불어 넣으며 효율적이고 체계적인 활동을 진행함으로써 목표하는 바를 이루고자 하는 활동이라고 할 수 있다.

경영 활동의 내용

■ [경영]의 의미를 '기업' 조직에 한정하면 기업만이 가지고 있는 고유 기능인 비즈니스에만 초점을 맞출 수 있다. 이는 기업의 특수성을 고려하여 경영 관리의 핵심 대상이 되는 생산 관리, 마케팅 관리, 재무 관리, 인사 조직 관리라는 4대 기업 기능에 주목하여 보는 것이다. 이는 일반적으로 주변에서 쉽게 볼 수 있는 접근 방법이고 친숙한 개념이라 할 수 있겠다.

● 생산 관리는 기업이 재화나 서비스를 만들어 내는 데 있어서 소요되는 원재료에 적절한 기술적 가공을 통하여 그 가치를 증대시켜 제품을 만들어 가는 활동을 말한다.

● 마케팅 관리는 만들어진 재화나 서비스의 가격을 책정하고 판매를 증대시키기 위한 노력을 기울이며 제품의 판매 경로를 결정하는 활동을 말한다.

● 재무 관리는 기업의 생산, 영업, 조직 유지 활동에 소요되는 자본을 조달하고 이를 관리하며 운용하는 활동을 말한다.

● 인사조직 관리는 기업의 활동에 필요한 인력을 확보, 평가, 개발, 보상, 유지하는 활동과 효율적으로 움직일 수 있게 하는 형태를 구성하는 활동을 말한다.

기업은 자신의 생존과 유지, 발전을 위하여 이러한 일련의 기능적 활동을 반드시 수행해야 한다. 그런데 이러한 활동은 외부 환경을 크게 고려하지 않고 내부 기능에 강조를 두고 있는 점도 발견하게 된다. 외부 환경을 고려하지 않는 활동은 자칫 나만의 "원맨쇼"에 그치고 나만의 세계에 갇혀 사는 오류에 묻히게 된다.

초기 경영학은 과학적 관리, 관리 과정, 의사결정에 중점을 두는 관리를 중시해 왔다. 그러나 시간이 지나면서 조직의 중요성이 대두되었고 조직 행동, 인간관계 이론이 발전되면서 조직 내의 사람(people)에게로 초점이 옮아지게 되었다.

현대로 넘어오면서 경영 환경의 변화에 대응하는 기업의 전략(strategy)을 강조하게 되었고 환경 변화 속에서 현명하고 바람직한 선택에 관한 내용을 다루는 [경영전략]이 중요시 되었다.

■ 이런 점에서 [경영]이란 조직이 자신을 둘러싸고 있는 외부 환경에 능동적으로 대응하면서 자신의 목적을 달성하기 위해 목표를 세우고 실행하고 점검하는 활동을 효율적이고 효과적으로 수행하기 위한 일련의 과정과 기능으로 정의할 수 있는 것이다.

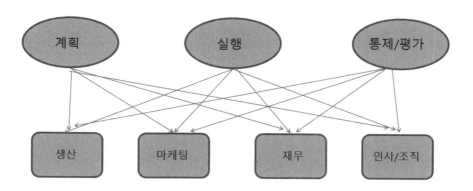

경영: 관리를 합리적, 체계적, 과학적으로 하는 것

〈단순 생산 조직에 [경영]이 도입되면서 달라진 조직의 엄청난 변화〉

100년 전의 미국 청년 프레드릭 테일러(Frederic Taylor: 1856~ 1915)가 제철회사에서 현장 관리자로 근무할 때의 일이다. 그 회사에는 [경영]이라는 것 자체가 없었다. 오직 태만과 불신만이 회사 분위기를 주도하고 있었다. 그 이유는 성과에 따른 급여를 지급하는 성과급 체제를 채택하여 열심히 일한 만큼 많은 급여를 받아야 했지만 급여가 크게 늘어날 것 같으면 급여관리 부서에서 수당을 임의로 낮췄기 때문에 직원이 받는 급여는 결국 똑같은 결과로 이어지고 있었다.

그 결과 열심히 일하면 손해라는 생각이 퍼지게 되었고 열심히 일하는 사람이 오히려 주변 사람들의 눈총을 받기 일쑤였다. 그러나 이에 대해 관리자는 질책과 해고를 최대 통제 수단으로 삼은 가운데 열심과 자발을 간간히 기대할 뿐이었다. 조직 문화의 중심에는 오직 '강제와 압력'만이 자리 잡고 있었다.

테일러는 제조 현장의 이런 모습을 발견하고 이런 상황이 계속되어서는 누구에게도 유익한 상황이 일어날 수 없다고 판단하고 현장의 개선을 위해 다양한 연구와 실험을 실시하였다. 그 결과 제조 현장에 '과학적 관리법'이라는 현대적인 개념의 [경영]을 최초로 도입하고 혁신을 이룸으로써 '경영의 시조'라는 별칭을 얻으며 지금까지도 추앙을 받고 있다. 그가 도입한 경영 기법인 '과학적 관리법'의 내용은 현재의 관점으로 볼 때도 전혀 손색이 없어 보이는 데 100년 전의 그 당시에는 그야말로 획기적인 내용으로 여겨졌고 폭발적인 반향을 일으키게 되었다. 그 내용을 다섯 가지로 나누어 살펴보면 다음과 같다.

▶작업 연구 ▶과업 관리 ▶매뉴얼 제도 ▶단계별 성과급제 ▶직능별 조직

작업 연구는 항상 일정한 성과를 내는 숙련된 직원의 작업 방식을 시간연구와 동작연구 측면에서 정리하여 숙련되지 않았던 직원에게 가르치고자 하는 내용이었다. 이를 근거로 **과업 관리** 측면에서 '적정 일일 작업량'을 결정했으며 **매뉴얼 제도**를 통해 '사용 도구, 작업방법, 작업 시간'을 표준화 및 체계화 시킨 후 매뉴얼로 문서화하여 안착시킨다. **단계별 성과급 제도**는 하루의 적정 작업량을 직원이 초과하여 달성하면 임금률을 상승시켜 급여에 적용하게 함으로써 직원의 근무 의욕을 높이기 위한 방법으로 활용하였다. 이러한 것을 계획하고 관리하기 위해 테일러는 **직능별 조직**을 도입하여 조직기능을 계획 기능과 실행 기능으로 나누었고 각각 기능에 맞는 전문 부서를 마련하여 조직 기능이 지향하는 목표를 원활하게 달성하도록 구체적인 조치를 취하였다.

미 숙련된 직원이 넘쳐나던 이 시대에 제철회사의 평범한 직원이었던 청년 테일러에 의해 도입, 적용된 진정한 의미로서의 [경영]이 '**과학적 관리법**'이라는 이름으로 나타난 것이다. 이 관리법이 기업 조직에 도입되면서 미국은 물론 세계의 기업 조직은 그 이전과는 비교할 수 없을 정도의 조직 혁신과 생산성 향상을 이룰 수 있게 된다.

영국이 증기기관을 산업에 적극 도입하여 활용함으로써 한 시대의 경영을 이끄는 자리에 오를 수 있었다면, 미국은 과학적 관리법의 도입으로 또 다른 한 시대의 경영을 이끄는 선두 주자가 되는 계기를 맞이할 수 있었다.

전략이란 무엇인가?

■ 전략(戰略)을 한자가 지니는 어원적 의미로 풀어보자면 "전쟁(경쟁)에서 승리하기 위해서 **선택하여 집중해야 할 활동**에 대한 전반적인 **계획 또는 활동의 일정한 패턴**"으로 정의된다.

즉, 목표 달성에 중요한 부문을 선택하여 최대한 범위를 좁힌 다음, 그 특정 부문에 자원과 에너지를 집중하는 것을 뜻한다.

■ 영어로 전략은 "Strategy"로 표현되며 "군대를 이끈다"라는 뜻을 가진 그리스어 "Strategos"에서 유래되었다. [Stratos(군대)+ ag(lead: 이끌다)]의 합성어 형태를 가지고 있고 전쟁에서 이기기 위해 군대를 움직이는 방법을 체계적으로 망라한 것을 뜻한다.

☞ 어원적인 의미로 미루어볼 때 [전략]은 **"특정한 목표를 달성하기 위해 세운 계획"**이라고 정의할 수 있다.

[전략]은 등산에 비유할 수 있다.

경영학의 구루로 불리우는 피터 드러커는 "전략은 자사의 현재 위치를 바탕으로 미래에 어느 곳으로 가려고 하는지, 그리고 어떻게 하면 그곳에 도달할 수 있는 지를 이해하는 것"이라고 정의하고 있다.

등산을 할 때 우리는 올라갈 길을 미리 정한 후 출발 지점에서 정상을 향해 한 걸음씩 나아간다. 올라갈 때는 힘이 든다. 체력적인 한계에 부딪히기도 하고 길을 잃어 헤매기도 한다. 갑자기 날씨가 급변하기도 하고 괜히 등산을 왔다고 후회하는 경우도 생기게 된다.

하지만 정상에 올랐을 때의 성취감은 그 어떤 말로도 표현할 수 없다. 맑고 깨끗한 공기, 눈에 펼쳐지는 광활한 풍경이 눈앞에 펼쳐지며 무언가를 달성했다는 만족감이 온 몸에 전해온다. 정상에 서면 자신의 성장에 대해서 실감할 수 있다. 다음에 다른 산을 오를 때에는 자신감을 가지고 도전할 수 있게 된다.

피터 드러커의 전략에 대한 정의를 등산에 적용하자면 [전략]은 "현재의 캠프 위치를 확인하고, 올라갈 산을 결정하여 등산 코스를 정하는 것"이라고 할 수 있다. 다르게 표현하자면 [전략]이란 산기슭에서 희미하게 보이는 정상을 확인되지 않은 정보를 사용해 올라갈 길을 정한 다음 한 걸음씩 앞으로 나아가는 것을 말한다.

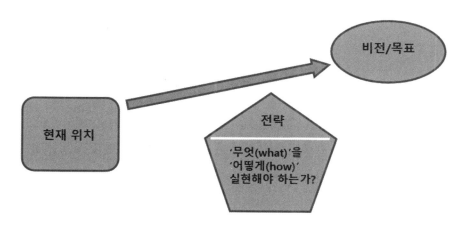

여기서 잠깐

경영전략에 관련된 용어로는 비전, 전략, 전술, 경영 계획 등이 있다. 이 용어들은 조금씩 의미가 다른데 등산에 비유하여 살펴보기로 하자.

먼저 **비전은 목표로 하는 정상을 뜻한다.** 전략을 실행하여 이루고자 하는 꿈, 추구하는 큰 목적 및 목표이다. 정상에 도달하려면 목표로 할 정상을 정하지 않으면 등산 코스를 결정할 수 없다. 마찬가지로 비전을 명확하게 설정하지 않으면 전략을 정할 수 없다. 그래서 먼저 목표로 할 비전을 그려야 한다.

다음으로 **전략은 산 정상에 도달하기 위한 등산 코스를 정하는 것**이다. 전략이란 선택할 수 있는 여러 등산코스 중에서 날씨의 변화를 예측하고 멤버의 기량과 체력을 감안하여 최선의 코스를 선택하는 것을 말한다.

전술은 난코스를 돌파하기 위한 방법을 말한다. 등반 과정에서 여러 어려운 경우를 맞이하게 된다. 암벽을 만났을 때는 일반적인 장비로는 오르지 못할 수도 있다. 암벽을 올라갈 때에는 어떤 장비를 준비해야 하는지, 어떤 훈련을 통해 단련할 것인지, 자세한 등반 코스를 어떻게 정할 것인지 등 여러 가지 고민해야 할 것이 많다. 이처럼 현장 상황에 따른 의사결정이 전술이다. 평탄한 길을 만나게 되면 그냥 걸으면 된다. 이때는 묵묵히 걷기만 하는 것이 전술이 되는 것이다.

끝으로 **경영 계획은 등산 계획서를 말한다.** 등산 첫날에는 절벽을 100미터, 익숙해진 둘째 날은 200미터를 오르고, 셋째 날 이후로는 평지를 매일 10킬로미터씩 걸어서 1주일 후에는 정상에 도착하기로 하는 계획을 세울 수 있다. 모든 것이 계획한 대로 진행되지는 않지만 계획서를 작성함으로써 등산, 즉 전략 실행의 대상과 방향이 명확해진다.

비전 = 사명 = 미션 = 목적/목표 : 산을 오르는 이유

등산은 힘들지만 산을 오르는 이유는 어려움을 극복하려는 열정과 정상에 올랐을 때 즐거움을 느끼기 때문이다. 산을 오르는 목적으로는 도전을 통한 자기 성장, 등산 과정 속에서의 건강함, 등산 동료와의 연대감 및 일체감 등을 얻기 위함일 것이다. 바로 이러한 목적이 비전이고 사명이고 미션에 해당된다.

■ [전략]은 경쟁 상황에서 우위를 확보하기 위해서 여러 선택안 중에서 어떤 것은 선택하고 어떤 것은 포기한 활동 영역 및 범위를 결정한 이후에 선택된 영역과 범위에 자원과 에너지를 집중하는 것을 말한다.

● 전략을 세운다는 것은 단기적이고 형식적인 관점이 아닌 장기적이고 본질적인 내용을 바라보는 능력, 증상보다는 원인을 밝히는 능력, 나무보다는 숲을 바라보는 능력에 바탕을 두어야 한다. 간단히 말하자면, 전략은 우리의 목표와 자원(수단, 방법)을 가지고 무엇을 해야 할지 미리 생각해 본 결과물이다.

그래서 전략적이라는 것은 목표 지향적이면서 효과적으로 어떤 일을 달성하고자 하는 성향을 말한다. 모든 선택과 실행은 보다 많은 정보를 바탕으로 이루어질 때 더욱 합리적으로 이루어질 것이고, 현재 상황보다 효과적으로 대응할 수 있을 것이라는 기대가 담겨진 가운데 진행된다.

"전략적인 일을 한다"는 의미는 중요성의 정도가 매우 중대하지만 아직은 긴급하지 않은 영역의 일을 파악하여 그 일에 집중하는 것이다. '80 : 20의 법칙'을 접해보면 이 의미가 분명해 진다. 본질적인 20%의 일을 하면 80%의 성과를 얻을 수 있지만, 나머지 80%의 일에서는 20%의 성과밖에 얻지 못한다는 법칙이 '80 : 20의 법칙'이다. 그런데 대개 20%에 해당하는 일의 영역은 오늘내일 중에 반드시 해야 할 일은 아니다.

다만 시간을 가지고 고심해야 할 일들이 이에 해당한다. 그런데 돌발적으로 중요하고 긴급한 일이 생길 수 있다. 물론 이런 일들에 최우선으로 대응해야 한다. 그러나 이런 일들은 대개 비상사태에 해당한다. 이러한 영역의 일이 우리의 일상을 차지해서는 안 될 것이다.

● 전략이라는 말은 일종의 매직이다. 아무 말에나 갖다 붙이면 그야말로

전략가가 사용하는, 무게 있고 내용이 있는 말이 된다. 국가 성장 전략에서부터 고객 유치 전략, 디자인 전략, 정보화 전략 등, 셀 수 없을 정도로 전략이라는 단어를 우리는 듣고 있다. 그러면 기업의 경영에 있어 전략이란 무엇일까? 기업의 전략은 "사람"과 "시장"을 기반하여 존재하게 된다. 어쩌면 그것이 경영전략의 전부일지도 모른다.

경영전략은 어떤 경우에서든 기업의 비전과 목표와 관련이 있어야 그 역할과 기능을 다할 수 있게 된다. 그래서 전략은 수립 과정을 거쳐서 도출해야 하는 것이고, 실현하기 위한 방향을 명확하게 제시하고 있어야 한다.

여기서 잠깐

동양의 전략과 서양의 전략 개념은 서로 다르게 형성되었다.

동양의 전략 개념은 손무의 "손자병법"에서, 서양의 전략 개념은 클라우제비츠의 "전쟁론"과 란체스터의 "란체스터 법칙(집중 효과의 법칙)"에서 그 바탕을 찾아볼 수 있다.

▶ 동양의 전략 개념

"손자병법"에서의 전략 개념은 심리적, 물리적으로 상대방이 예상하지 못한 점을 공략함으로써 최소한의 위험, 리스크와 비용으로 목표를 달성하는 것이다. 한마디로 기습과 기동을 통해 피해를 최소화시켜 소기의 목적을 달성하는 **[간접적인 접근 전략]**이라 할 수 있다. 즉, 상대가 싫어하는 전략을 선택하고 싸우기 전에 이길 수 있는 조건을 만들어 놓고 확실한 방법을 구사하는 것이다. 상대방을 혼란시키고 약점을 이용하고 의표를 찌른다. 상대방이 힘들어 하는 것을 공략하고 상대방의 강점이 나타날 수 없는 곳에서 승부한다. **상대의 강점과 정면충돌하지 않고 상대의 약점에 집중한다.**

"손자병법"에서 중시하는 내용은 지형을 이용하고 결전을 벌일 장소를 정하며, 아군이 유리한 장소에서 만전의 준비를 갖추는 것이었다. 그리고 지는 싸움은 결코 해서는 안되기에 사전에 병사와 무기의 우위 요소, 장수의 리더십, 통솔 상황과 의욕 등을 진단하고 강점과 약점을 파악하는 것에 총력을 기울이는 것을 게을리 해서는 안 된다는 것을 강조하였다.

"상대방을 알고 나를 알면 백번 싸워도 백번 위태롭지 않다."라는 유명한 고사성어는 바로 우리가 오늘날 즐겨 사용하는 SWOT 분석의 중요성을 일깨워 주고 있다고 할 수 있다.

▶ 서양의 전략 개념

"전쟁론"에서의 전략 개념은 나의 핵심 역량을 상대방의 중심에 양적으로 우위를 지켜 집중시킴으로써 소기의 목적을 달성하는 것이다. 모든 가용한 자원을 동원하여 경쟁자에 대해 양적, 수적으로 우세한 수단을 집중시켜 전면적인 우위를 이어나가 소기의 목적을 달성하는 전면적인 **[직접적인 접근 전략]**이라 할 수 있다.

이 개념은 란체스터의 "란체스터 법칙"으로 구체화되는데, 한마디로 설명하면 "조직의 전력은 그 수의 제곱에 비례한다"는 것이다. 즉, 상대방이 2명이고 아군이 4명이라면 전력의 차이는 4배에 이르게 된다.

2 : 4   ⟶   4 : 16

〈외형상의 전력 차이〉   〈실제상의 전력 차이〉

현장 적용 🔍

    란체스터 법칙을 기업 경영에 적용해 본다면 시장 점유율이 상대적으로 낮은 위치에 있는 약자 기업은 특정한 한 부문에 집중하는 "틈새 집중 전략"을 펼쳐 기회를 노려야 하고, 차후 다양한 방법을 사용하는 "차별화 전략"을 전개하여 순차적으로 시장을 넓혀가야 한다.

    예를 들어, 자사의 시장 점유율이 2위라면 먼저 경쟁해야 할 대상은 1위 업체가 아니라 3위 이하의 업체인 것이다. 그렇게 해서 시장 점유율을 어느 정도 향상시킨 다음 1위 기업과 겨루는 것이 바람직하다는 것이다.

    한편, 점유율 1위 기업의 전략은 그 반대가 될 것이다. 좁은 영역으로 피하려는 다른 업체에 대해서는 원가우위 전략 또는 브랜드 인지도나 광고를 활용하고 차별화 전략으로 대응하는 것이 효율적이다. 틈새에 집중하는 상대에게 신속한 대응으로 대처하고 자원 투입을 적절히 실행한다면 전략적으로 실패할 일은 겪지 않을 것이다.

[전략] : 선택과 집중을 통해 목표를 이루게 하는 힘

사 례

〈[전략]의 의미를 정확히 알고 있었던 청년 나폴레옹〉

[전략]은 원래 군사 용어이다. 그런데 이것을 오늘날 기업 경영의 세계에서 적극 도입하여 활용하고 있는 것이다. 기업 경영을 전쟁에 비유하는 것이 다소 무리로 비춰지는 점도 있지만 이 두 상황이 서로 비슷한 점이 적지 않기에 현대의 경영자들이 전쟁이란 특수한 상황에서 기업 경영에 활용할 수 있는 경영의 지혜의 메시지를 찾으려고 하는 것이다.

나폴레옹은 영국군과 유럽의 특정 지역을 두고 대치하고 있던 시절의 프랑스군 청년 초급장교로서 최전방 부대를 이끌고 있던 일선의 장교 위치에 있었다. 전투상의 중요 요충지인 해상 항구를 두고 양쪽이 모두 한 발도 물러서지 않고 대치 국면에서 희생자만 늘어나는 상황이었다. 그런데 이때 나폴레옹의 지휘하에 움직인 군대가 승리를 거듭하더니 결국은 요충지를 차지하고 프랑스군을 승리로 이끄는 계기를 마련하는 큰 역할을 담당한 것이었다.

총사령관이 최전방을 유심히 살펴보니 초급장교 나폴레옹은 탁월한 전략을 펴며 최전선에서 연전연승하고 있는 것을 보게 된다. 그래서 그의 전략을 전격 수용하고 전 부대가 활용하게 함으로써 영국과의 전쟁을 승리로 이끌었던 것이다.

나폴레옹은 목표 지점인 해상 항구가 중요 요충지이었지만 자기 휘하의 병력과 화력을 적의 수비가 약하고 결정타가 될 수 있는 육상의 요새 지역에 집중하여 전투에 임함으로써 영국군을 격퇴시키고 결국은 목표 지점이었던 해상 항구를 손쉽게 차지하게 된다.

목표 지점은 해상 항구이었지만 먼저 집중하여 선점해야 할 지점은 누구도 예상하지 못한 전혀 다른 곳이었다. 즉, **방비가 허술한 인근의 다른 곳이었다.** 나폴레옹은 이 사실을 간파하고 이를 [전략]으로 결정하여 실행에 옮겨 당시로 서는 최강 군대인 영국군과의 전쟁에서 승리할 수 있었던 것이다.

이렇게 대치 국면에서 또는 월등한 역량을 보유하고 있지 않을 때는 어떤 전략을 채택하여 실행에 옮기느냐에 따라 승부가 결정될 것이라는 사실을 24세에 불과한 청년 나폴레옹은 잘 알고 있었다. 나폴레옹은 "전략이란 시간과 공간을 이용하는 계획이다."라는 신념하에 언제나 상대방보다 빠른 기동력을 보였고 상대방의 전열을 흩어지게 한 다음, 힘을 집중적으로 특정 요충지에 쏟아부어 중요한 전투에서 연전연승을 거둘 수 있었다. 이러한 확고한 전략적인 마인드는 훗날 프랑스 황제의 자리에 앉게 될 때에 중요한 역량으로 인정받는다.

나폴레옹은 '이길 수 있는 곳'에서만 싸웠다.

〈 나폴레옹의 전략적 대응 〉
상대도 집중하고 있는 요충 지점은 오히려 평균 수준으로만 초기 대응하고, 상대가 소홀히 하고 있는 지점에 전력을 집중하여 교두보를 확보한 후, 최종 목표인 요충 지점을 공략한다.

〈 기존의 통상적인 공략 방법〉
중요한 목표 지점에 상대와 아군은 치열하게 맞서고 있어 통상적으로 답보 상태에 놓이게 된다.

전략에 대한 [손자병법]의 관점

■ 동양의 대표적인 전략서의 고전인 [손자병법]에서 전략을 수립하려는 오늘날의 경영전략가에게 시사하는 바는 매우 크다.

[손자병법]에서 언급한 전략 구상에 있어 고려해야 할 다섯 가지 원리 원칙을 오늘날에 맞게 해석하면 다음과 같다. [손자병법]에서는 전략 구상의 요소를 **"도천지장법"**이라는 표현으로 요약하여 정리하고 있다.

● 도(道): 기업의 **비전, 목적, 사명, 목표 설정**을 명확히 한다(비전/목표).
● 천(天): 기업 외부 환경, 산업의 특성에 대한 분석, 평가를 철저하고 면밀하게 하여 **기회와 위협**을 정확히 포착한다(전략 컨텐츠: 환경 분석).
● 지(地): 기업 내부 자원, 경쟁자에 대한 분석, 평가를 객관적으로 진행하여 자신과 경쟁자에 대한 객관적 평가를 **강점, 약점**으로 나누어 정리해 본다(전략 컨텐츠: 역량 분석).
● 장(將): 조직 관리자의 **지도력, 역량**을 살펴보아 장수로서의 자격을 가진 사람을 배치하고 육성한다(리더십).
● 법(法): 조직 내부적으로 **탁월한 실행력**을 배양하고, 합리적이고 혁신적인 시스템, 프로세스, 제도가 갖춰지도록 항상 노력해야 한다(혁신 마인드, 실행 활동).

■ [손자병법]은 "원칙과 변칙"이라는 두 프레임으로 그 내용을 펼쳐 나가고 있다.

: [원칙]이란 평상시에 취해야 할 규칙이고, [변칙]은 원칙이 부단히 변화하는 상황 속에서 표현되어지는 [원칙]의 임기응변적 조치라 할 수 있다 (규칙과 룰을 위반하여 목적을 이루려는 반칙과는 다른 개념이다).

따라서 [원칙]은 정적이고 [변칙]은 동적인 특성을 가지고 있다.

"모든 전쟁은 원칙(正)으로 대처하고 변칙(奇)으로써 승리한다."라고 한 [손자병법]의 내용은 오늘날 우리에게 많은 메시지를 전해주고 있다.

■ 손자병법에서 말하고 있는 전략의 목적은 경쟁에서 이기고자 하는 것이다.

: 경쟁에서 승리하는 비결은 자신의 강점을 활용하여 환경이 주는 기회를 잘 이용하고 환경에서 오는 위험에 대해 적절히 대응하는 데에 있다고 강조하고 있다.

여기서 잠깐

〈오늘날 경영자들이 눈여겨봐야 할 손자병법의 지혜〉

• 조직 경영의 시작은 전략 및 실행 계획의 수립에서 시작되며 경쟁에서 이기기 위해서는 여러 상황을 분석한 후 경영전략을 확실하고 효과적으로 구축해야 한다. 〈시계 편〉

• 경영 활동은 여러 자원이 투입되어야 하는 경제 활동이다. 따라서 사전에 재원, 물자, 기술, 인력을 충분히 확보하여야 하며, 직접적으로 확보가 안되더라도 활용을 할 수 있는 간접적인 확보라도 준비하고 진행되어 져야 한다.

그런데 기업의 경영자들이 이에 대한 치밀한 준비 없이 경영 활동을 전개하는 사례를 주변에서 의외로 쉽게 찾아볼 수 있다. 욕심만 앞서 사전에 충분한 준비 없는 것을 경계하는 내용을 강조한다. 〈작전 편〉

- 외부 환경과 경쟁 업체, 고객 성향, 내부 역량을 엄밀하게 분석하여 이에 대한 철저한 이해를 바탕으로 사업 계획을 수립하여 실행에 옮기게 되면 절대로 불리한 결과를 초래하지 않는다는 메시지는 손자병법의 핵심 메시지 중에 가장 핵심이 되는 메시지이다. 〈모공 편, 군형 편, 지형 편, 용간 편〉

- 조직 내부에는 준비가 되어 있지 않는 부문이 있고 준비가 철저히 되어 있는 부문이 있다. 경쟁 전략에 있어서는 강점이 되는 역량으로 상대 기업이 미비되어 있는 부문에서 경쟁을 겨룸으로써 시장의 주도권을 잡고 사업을 전개하는 것이 성공의 지름길이 된다. 〈허실 편, 군쟁 편〉

- 주변 환경은 제4차 산업혁명 시대를 맞이하는데 경영 방식이 낡은 틀에만 묶여 있다면 경쟁에서 결코 앞설 수 없다. 경영 관리의 원칙과 상황에 따른 변용할 줄 아는 융통성을 겸비하지 못하면 환경이 주는 기회를 충분히 활용하지 못하고 환경의 위험을 피할 수 없게 된다. 〈구변 편, 행군 편〉

- 기업 경영에 있어서 환경 변화에 따라 치밀한 계획과 정확한 계산이 뒤따라야 한다. 경제 상황은 항상 경기 호황기와 경기 침체기가 번갈아 가며 찾아오는 데 경영자는 그 상황에 맞는 경영전략과 사업 운영을 펼쳐나가야 한다. 〈지형 편, 구지 편, 화공 편〉

경영전략을 구성하는 다섯 가지 요소

　[경영전략]을 구성하는 핵심 요소는 [리더십], [비전/목표], [전략 콘텐츠], [혁신 마인드], [실행 활동]의 다섯 가지 요소로 나눌 수 있다. 이 다섯 가지 요소에 경영 활동의 핵심이 총망라되어 있다고 할 수 있겠다.

　현대의 대표적인 성공 기업들을 살펴보면 한결같이 [경영전략]을 통해 뚜렷한 [**비전/목표**], 확고한 [**전략 컨텐츠**], 스마트한 [**리더십**], 획기적인 [**혁신 마인드**], 탁월한 [**실행 활동**]이 균형 있고 조화롭게 내부에서 실현되었고 외부에는 다양한 모습으로 우리에게 비춰지고 있는 것이다.

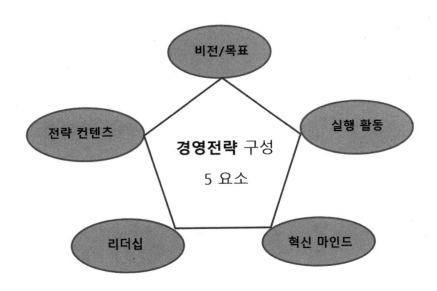

─o [경영전략]의 필요성

■ 경영 활동은 **전략적 의사결정에 관한 사항**(비전/목표 설정, 사업 방향, 비즈니스 모델 구상)과 **운영의 효율성**(관리 기능별 계획, 관리 기능별 내용: 인사조직 관리, 재무 관리, 생산 관리, 마케팅 관리)에 관한 사항이 엄연히 구분되어 다루어져야 한다.

　[경영전략]은 경영 활동에 관련하여 중요한 사항만을 선택하여 자원과 역량을 집중하고, 중요하지 않은 사항은 과감하게 포기하는 것을 내용으로 하여 간결하게 구성되어져야 한다.

〈경영전략의 필요성〉

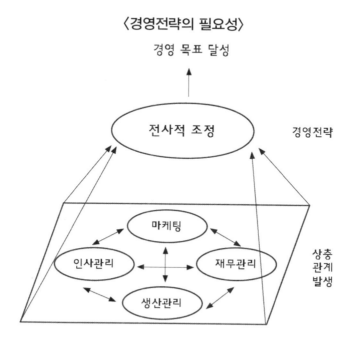

〈 경영전략의 단계 〉

기업 전략

목적/목표 달성

어떻게 목적 및 목표를
이룰 수 있는가?

사업 전략

경쟁 전략

기업의 활동 범위

어떤 사업에 진입하고
탈퇴할 것인가?

경쟁 우위 확보

어떻게 사업을 성장시키고
경쟁우위를 만들고 유지할 것인가?

기능별 전략

재무

생산

마케팅

연구
개발

영업

인사

기능의 효율성 제고

목적/목표를 이루기 위한 기능별 활동을
어떻게 효과 있고 경제적으로 운용할 것인가?

[경영전략]에 대한 주요 정의

■ [경영전략]이란 기업의 장기적인 **목표의 결정과 그 목표를 달성하기 위한 행동을 결정하고 경영 자원을 배분하는 것**을 말한다. (챈들러)

■ [경영전략]은 주로 기업의 외부적 문제로서, 외부 환경의 변화에 기업을 전체로서 적응시키기 위한 **제품과 시장 구조의 결정**이다. (앤소프)

■ [경영전략]이란 기업의 목표와 그 **목표를 달성하기 위한 여러 가지 계획이나 정책**을 말하며 그 회사가 어떤 사업에 참여하고 있어야만 하고 어떠한 성격의 회사이어야 함을 나타내는 것이다. (앤드로)

■ [경영전략]은 환경의 제약 하에서 목표 달성을 위해 조직이 사용하는 주요 수단으로서 **환경과 자원의 상호 작용**의 여러 활동 유형을 의미한다.

(호퍼 & 스켄델)

■ [경영전략]은 희소한 **경영 자원을 효율적으로 배분**하여 기업에게 **경쟁 우위를 효과적으로 실현**시켜 줄 수 있는 특정 사항에 대한 의사결정이다.

(장세진)

■ [경영전략]이란 경쟁자에 비해서 어떤 방법으로 경쟁 우위를 가지느냐의 문제를 가지고 효율적인 방법으로 그 **기업의 경쟁 우위를 상승시키는 노력**이다. (오마에 겐이찌)

☞ [경영전략]에 대한 정의는 경영학자에 따라 그 표현이 조금씩 다르다. 하지만 경영 활동과 관련하여 **중요한 사항에 대해서는 선택하여 집중하고, 중요하지 않은 것은 과감하게 포기**한다는 관점은 모든 학자들의 공통점이라 할 수 있다.

02

비전/미션/목표

"계획 자체는 중요하지 않으나 계획 수립 과정은 매우 중요하다."
– 아이젠하워 –

"목표가 없는 사람에게 있어 의미 있는 것은 아무 것도 없다."
– 공자 –

"우량 기업은 그들의 기본 사업 아이템이 하이테크이든 햄버거이든
그들 모두는 서비스 산업으로 자신들을 정의하여
구성원들의 고객 지향 정신을 북돋운다."
– 피터즈 & 워터맨 –

비전이란 무엇인가?

■ 비전은 현재보다 더 나은 상태를 그리며 **조직이 미래에 도달해야 할 바람직한 모습, 미래상**으로 정의된다.

앞으로 미래에 어떠한 기업으로 나아갈 것인가를 제시하는 것을 의미하며, 비전은 해당 기업의 장기적인 길잡이 역할을 수행하는 전략적 구상이다.

비전은 조직이 여러 활동을 통해 도달해야 하는 궁극적인 종착지로 현재보다 성공적이고 더 바람직한 미래상을 문장으로 기술하고 감정과 흥분을 불러일으킬 수 있도록 활기차고 매력적인 특정한 단어와 그림, 도표로 표현함으로써 생생한 이미지를 연상하게끔 표현되어야 한다.

■ 비전은 경영전략의 하부 구성요소로 설명될 수도 있고 경영전략의 상위 개념이라고 해도 무방하다. 다만, 해당 기업 조직의 최고 경영자의 결정에 따라 그 의의와 위치가 달라질 수 있다. 즉 비전이라는 개념적인 가치에 중점을 둔 기업 조직은 비전 수립부터 치밀하게 출발한다. 반대로 경영전략이라는 구체적인 행동 실천에 중점을 둔 기업 조직이라면 경영 이념에 부합하는 경영전략부터 세밀히 다듬은 후에 비전 문구 및 이미지를 작성하는 순서로 일을 진행하게 된다.

: 비전에 있어야 할 필수적인 요소는 **경영 이념(핵심 가치, 믿음)** 그리고 **지도하는 원칙과 원리**를 명확히 세우는 것이다.

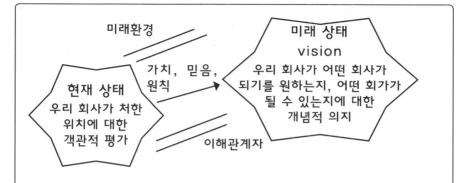

- 미래 상태 비전: 미래에 되기를 워하는 우리 회사의 모습
- 현재 상태: 현재 우리 회사의 모습
- 미래 환경: 미래 상태 비전을 달성해야 하는 시점의 회사 외부 환경
- 가치: 우리 회사 비전을 기초로 제공하는 믿음과 원칙
- 이해관계자: 회사에 관여되거나 회사의 운영에 의해 영향을 받는 사람들 또는 집단

비전의 의의

- 현재 사업 행위의 의미성을 부여
- 조직원들의 행동을 한 방향으로 유도함으로써 조직력을 결속
- 관계의 정의
- 변화의 장벽을 제거
- 단, 비전은 그것을 달성하는 방법을 제시하지는 않음.

비전의 컨셉트

- 비전은 우리 회사가 미래에 되기 원하는 모습을 개념적으로 정의하는 것임.
- 비전 수립은 사고의 변화를 촉진하는 도구임.

- 비전의 두 가지 테마
  - 전사 비전 또는 미션
  - 경영 철학
- 비전 수립의 절차 자체를 통해 기업은 다음의 효과를 기할 수 있음.
  - 조직원들이 동참해서 작성한 비전에 대해 반드시 달성하여야 한다는 신념과 목적 의식의 확산
  - 공유 가치를 통한 조직 행동의 일관성 유도
  - 명확한 목표의 이해를 발판으로 권한 이양이 가능

─○ 비전: 바람직한 미래상

■ 기업의 비전은 기업이 추구하는 장기적인 목표와 바람직한 미래상을 구체화한 것이다.

: 비전은 막연한 희망사항이 아니라 장기적인 관점에서 미래상과 현재를 연결하는 전략의 일종으로 비전은 조직에 목표를 부여하고, 사업의 전략 방향과 조직 운영의 기준을 제공하며, 조직 구성원에게 동기부여를 일으킬 뿐만 아니라 행동 양식을 제공함으로써 조직의 에너지를 한 방향으로 유도하고 조직 성과를 극대화하는 데 기여한다.

〈 화학 분야 기업의 미션/비전/전략 작성 사례 〉

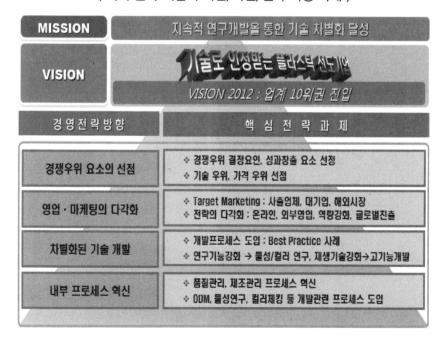

기업의 방향 설정

■ 변화하는 환경 속에서 성공을 추구하기 위해서는 기업이 나아갈 방향을 명확히 설정해야 한다. 그러기 위해서는 기업의 미래상, 주력 사업 영역, 사업 수행 방법, 사업 현상을 생각하는 방법을 분명히 전해야 한다. 또한 기업의 미래를 위해 필요로 하는 역량도 개발해야 한다. 이렇게 기업의 방향성을 부여하는 방법은 크게 세 가지이다.

첫째, 기업의 **경영 이념이나 미션, 비전을 명확히 표명한다.** 경영 이념은 기업의 기본 자세를 명확히 한 것이고, 비전은 기업이 추구하는 장래의 구체적인 모습, 미래상을 표명한 것이다. 올바른 경영 이념을 정하고 그것을 지키려고 노력하는 모습을 보이는 것은 매우 중요해졌다. 그리고 과거에 세워진 경영 이념이나 비전이 아무리 훌륭하다 하더라도 시대의 변화에 맞추어 이를 새롭게 설정하는 노력이 필요할 것이다.

둘째, **사업 영역을 구체적으로 나타낸다.** 사업 영역은 고객, 기술 및 기능적인 측면에서 고려해야 한다. 과거 미국의 거대 철도회사가 사업의 영역을 '철도'만으로 정의하고 '수송'이라는 기능으로 정의하지 않음으로써 도로 운송이나 비행기와의 경쟁 상황에 적절한 대처를 하지 못하여 쇠락을 맞이한 적이 있었다. 그 철도회사가 '수송'의 기능을 주목했다면 수송 업계에서의 경쟁에서 뒤쳐지지 않았을 것이다.

셋째, 기업이 **장래에 필요한 역량을 분명히 한다.** 이는 기업의 능력을 장기적으로 개발해 나가는 방법으로 핵심 역량을 강화해 가는 방법을 의미한다.

여기서 잠깐

☞ 핵심 역량: 고객에게 타사가 모방할 수 없는 자신만의 가치를 제공하는 조직의 핵심적인 힘을 말한다. 그래서 기업이 나아갈 방향이라는 것은 곧, 핵심 역량을 강화하는 것을 의미하기도 하는 것이다.

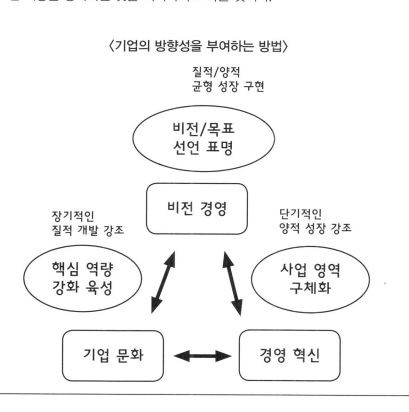

〈기업의 방향성을 부여하는 방법〉

왜 비전을 세우는가?

비전을 수립하는 목적은 조직에 목표 의식과 의미를 부여하고 사업의 전략 방향과 조직 운영의 행동 기준을 제공하고 조직 구성원에게 동기부여와 참여 의식을 유발함으로써 조직 활성화에 기여하기 위함이다. 이러한 비전은 전략의 측면에서 보면 전략을 효과적으로 수립하고 실행하는 데 있어서 가장 중요한 것은 **조직 전체의 몰입을 이끌어 내는 것**이다.

비전은 왜 중요한가? 그리고 왜 세워야 할까? 비전은 핵심 가치, 목적, 사명, 목표 등의 내용으로 꾸며진다.

그런데 경제적 수익을 실현하는 데 있어 반드시 비전이 필요한 것은 아니다. 비전이 없어도 수익성 좋은 사업을 벌일 수 있고, 많은 수익을 올리면서도 비전은 없는 사람들도 많다. 하지만 수익 실현 이상의 것을 원한다면 비전이 있어야 한다. 창업할 때이든 아니면 몇 년이 지난 후든 훌륭한 기업의 리더들은 기업을 위한 비전을 명료하게 세우고 그 방향대로 발전시켜 나갔다.

많은 초우량 기업들도 모두 처음에는 소규모였다가 대기업으로 성장했으며 어떤 기업이든 규모가 작을 때 비전을 세웠다는 것을 명심해야 한다. 비전을 세운 다음에 위대한 기업으로 발전하는 것이지, 위대한 기업이 된 뒤에 비전을 세우는 것은 아니다.

인간은 가치, 이상, 꿈, 그리고 마음에 내키는 도전에 반응하게 되어 있다. 비전을 공유하고 비전이 가치 있다고 생각하면 자신이 몸담고 있는 기업이나 조직, 집단의 비전, 목표를 위해 스스로에게 동기를 부여하며 일을 하고 주어진 임무를 완수하려고 하는 것이다.

비전 없이 하는 경영 활동은 그때 그때 외부 환경에 의해서 좌우되는 천수답 경영을 하게 되지만 비전이 있는 기업 경영은 자신의 위치와 상황을 목표와 대비해 가면서 조정할 수 있는 역량을 갖게 되며 기업 미래의 이정표가 되는 것이다.

여기서 잠깐

☞ 많은 기업들이 점진적 업적 성장 지향형 관리 위주로 목표를 수립해 왔다. 즉, 전년대비 성장률, 이익률의 향상 여부에만 관심을 갖고 중장기적 목표에는 그리 큰 관심을 두지 않는 경향을 보여 왔다. 이제부터라도 제 4차 산업혁명의 본격적 진입을 눈앞에 두고 있는 현 시점에서 해야 할 일이 있다. 바로 비전을 세우고 언제 무엇을 해야 하는가를 정의하고 목표를 세우고 실행의 취사선택을 명확히 하는 선택과 집중의 전략으로 기업이 무장하는 일이다.

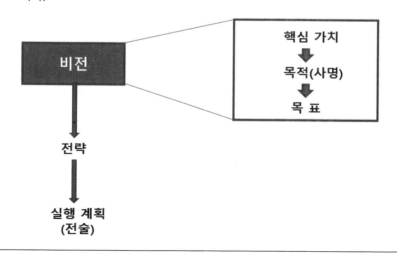

경영 이념 vs 비전 vs 전략

경영 이념, 비전 그리고 전략은 **기업이 나아갈 방향을 결정할 때 방향타 역할**을 담당한다.

경영 이념은 시대의 흐름과 관계없이 어떠한 가치로써 경영에 임할 것인 가와 기본적인 경영 방침을 명확하게 나타낸 것이다. 경영 이념에 따라 미래에 그려지는 미래상을 비전이라고 할 때에 경영 이념은 기업의 존재 의의, 사명을 나타내는 기본 가치관의 표명이라 할 수 있다. 그래서 경영 이념을 미션, 사명, 존재 목적 등의 표현으로 대치되기도 하고 **경영 이념 – 미션(사명) – 존재 목적 – 비전** 등으로 단계별로 그 내용을 모두 표현하는 기업도 있다.

경영 이념은 약간의 뉘앙스 차이는 있지만 미션, 존재 목적과 거의 동일한 범위의 뜻으로 사용할 수 있으며 비전은 그 본질적인 의미가 경영 이념을 구현했을 때의 구체적인 미래상을 뜻하는 것이므로 두 개념은 서로 독립적인 영역의 범위를 가지고 있다.

전략은 이러한 기업의 경영 이념에 나타난 기본 가치관을 구현하고 비전에 나타난 기업의 미래의 모습, 목표점을 달성하거나 도달하기 위해서 구체적인 방향, 방법을 선택과 집중의 관점으로 정리한 것이라 할 수 있다. 그런 의미에서 경영 이념과 비전은 전략의 상위 개념이며 구체적인 전략은 그 아래에 위치한다.

경영 이념

- 경영에 대한 가치관, 믿음
- 기업의 존재 목적, 미션
- 기업의 이해관계자나 사회에 대한 약속

비 전

- 기업이 미래에 달성하고자 하는 바람직한 미래상

전 략

- 경영 이념에 근거해서 비전, 목표를 실현하기 위한 방향
- 기업이 지속 성공 우위를 확보하기 위한 기본틀 및 방법

미션: 조직이 존재하는 이유

■ 경영전략 수립의 첫 과정은 조직 존재의 이유를 의미하는 조직 미션(사명)을 설정하고 이를 보다 명확히 구체화시키는 것에서부터 출발한다.

● 우수한 조직은 명확한 미션을 지니고 있으며 분명한 전략적 의도하에 조직이 지닌 자원을 활용하며, 또한 우수한 미션은 조직이 궁극적으로 추구하는 방향을 제시하는 가이드라인으로서의 역할을 제시한다. 미션과 비전은 조직 구성원들이 조직의 존재 목적에 대한 공유 의식을 가지고 자신들의 영역에서 최선을 다할 수 있도록 하는 원동력이 된다.

● 미션은 조직이라면 어떤 조직이든지 명시적인 형태로 설정되어 있지 않다면 암묵적인 형태라도 존재하게 된다. 예를 들어 무허가 포장마차 조직이라도 "특정 지역의 상권을 지배한다."는 그들만의 암묵적인 미션을 보유하고 활동의 근거를 확보하려 한다는 것이다. 하물며 정상적인 경영을 추진하려는 기업이 공식적인 절차와 체계적인 검토를 거친 미션을 보유한다면, **구성원의 자발적인 동기부여, 건강한 조직 문화, 목적 지향의 팀워크 형성**은 쉽게 이루어질 수 있을 것이다.

미션 구성의 요소

기업 조직이 고객에게 제공하는 가치는 기능 가치, 사용 가치, 정서 가치로 구분할 수 있다. 이중에 미션을 구성하는 가치의 내용은 '정서 가치'라 할 수 있다.

"우리 조직은 제공하는 상품(제품, 서비스)을 통해 ~고객에게 ~ 효익을 제공한다."라고 하는 것은 조직이 제공하는 상품의 물리적 속성을 표현하는 것으로 '**기능 가치**'라 할 수 있다.

"~을 제공하여 고객이 ~을 누리도록 한다."라고 하면 제공하는 상품을 통해 한 차원 위의 혜택을 얻는 '**사용 가치**'를 표현한다고 볼 수 있다.

진정한 미션은 조직이 제공하는 상품을 통해 고객의 가치관이나 생활 수준까지도 변화시키는 '**정서 가치**'를 표현해야 한다.

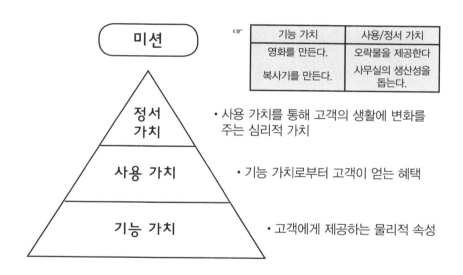

기능 가치	사용/정서 가치
영화를 만든다.	오락물을 제공한다
복사기를 만든다.	사무실의 생산성을 돕는다.

미션

정서 가치 · 사용 가치를 통해 고객의 생활에 변화를 주는 심리적 가치

사용 가치 · 기능 가치로부터 고객이 얻는 혜택

기능 가치 · 고객에게 제공하는 물리적 속성

미션 – 비전 – 전략 간의 관계

- 조직의 방향 설정
- 위계: 미션 – 비전– 전략

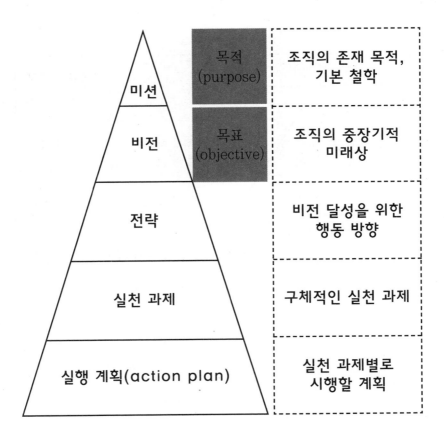

비전 경영은 왜 해야 하는가?

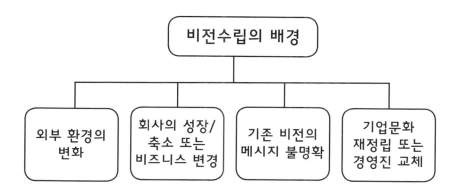

■ 현재의 성공에 만족하지 않고 미래에 더 나은 우량 기업으로 발돋움하기 위해서는 기업의 발전 방향을 명시한 경영 비전을 정립하는 것이 필수적이다. 이는 사람들이 일상생활을 영위하면서 더 나은 미래를 설계하고 이의 실현을 위해 애쓰는 것에 비유할 수 있다.

기업이 미래에 달성하고자 하는 미래상이 바로 경영 비전인 것이다.

경영 비전은 기업의 역사와 전통, 미래에 대한 희망 등을 종합적으로 반영하여 기업이 나아가야 할 미래의 모습을 제시하는 청사진이다. 흔히 경영 비전은 계획이나 목표 등과 많은 혼동을 일으킨다. 비전은 미래가 어떠해야 하며 어떻게 보일 수 있는 지에 관한 미래상이고 계획, 목표는 그러한 미래상을 현실로 만드는 수단으로 기능한다. 미래지향적으로 기업의 발전 방향을 제시해 주는 경영 비전을 달성하기 위해서는 기업 구성원의 상상력과 창조력을 결집하여 환경에 대응하고 변화를 시도함으로써 전사적인 에너지를 단일한 방향으로 일체화시켜 나가야 한다.

● 비전 수립의 배경에는 경영 환경의 변화에 따른 경우가 가장 많다. 이외에 내부적 비전 체계가 부실해서 효율적인 전략 구심점을 찾기 어려운 경우에 비전을 정비하는 경우가 많다.

● 하지만 비전은 한번 수립한 후 달성될 때까지 지속적으로 관리하는 것이 중요하며, 잦은 변경은 비전의 의미를 퇴색시키고 오히려 혼란을 부추기므로 주의해야 한다.

비전의 역할

■ 비전은 조직 구성원의 응집력을 한 방향으로 높여주게 되며 분산된 역량을 결집해야 하는 이유와 이정표를 제시한다.

● 구성원의 경영 활동에 대한 궁극적인 목표로 작용한다.
● 구성원에게 심리적으로 강한 동기부여를 제공한다.
● 구성원 간의 결속 및 긍지를 심어준다.

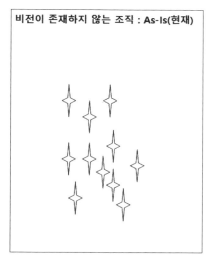

비전이 존재하지 않는 조직 : As-Is(현재)

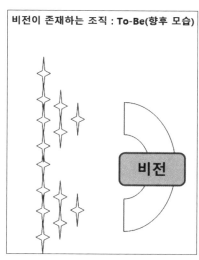

비전이 존재하는 조직 : To-Be(향후 모습)

비전

비전의 역할

- 회사의 존재 이유를 반영
- 회사가 달성하려는 바를 구체적으로 표현
- 회사가 목표 달성을 위해 바꿔야 할 내용을 설명

- 변화에 대한 열의를 보여줌.
- 의사결정은 개방적이고 분명해야 함.
- 개개인이 실제 행동을 취하도록 유도함.

[비전]을 정하면 조직에 주는 좋은 점

■ 핵심 가치와 목적, 사명에 대한 신념은 [비전] 수립의 출발점으로 기업의 모든 의사결정에 있어서의 밑바탕이 되어야 한다.

　[비전]은 사업과 생활에서 무엇이 중요한 지에 대한 가르침, 비즈니스를 하는 방법, 세상을 움직이는 방법, 위반해서는 안되는 것 등의 대한 실행 동기를 강력하게 제시해 주는 원칙과 신조 체계를 형성하게 해준다.

> ## 여기서 잠깐
>
> ☞ [목적]은 기업이 존재하는 근본 이유를 기술하는 것으로서 리더와 구성원의 행동에 의미를 부여한다.
>
> ☞ [사명]은 핵심 가치와 목적을 달성하기 위해 역동적이고 집중된 행동 방향을 구체적으로 표현하는 것을 말한다.
> : 핵심 가치, 기업 목적, 지향 목표, 사명, 미션 등의 제목으로 비전을 표현하는 기업이 있고, 비전이라는 한 표제 하에 이 다섯 가지 내용을 모두 포함시켜 표현한 기업도 있고, 어떤 기업은 몇 가지 요소의 내용만 포함시키는 기업도 있다.
> 그런데 한 가지 분명한 점은 우량 기업이라고 하면 표제가 어떻든 이 다섯 가지 내용 중 한 가지 이상의 내용이 포함된 [비전]을 수립하여 경영 활동에

모두 임하고 있다는 것이었다.

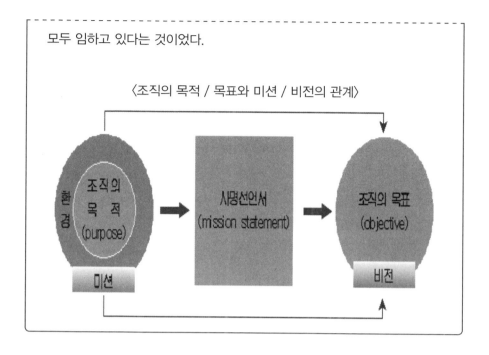

〈조직의 목적 / 목표와 미션 / 비전의 관계〉

■ 조직원들의 자발적인 노력을 유도해 낼 수 있다.
  • 인간의 본성은 가치, 이상, 꿈, 마음에 내키는 도전에 반응하게 되어
    있다.
  • 의미 있는 일이라고 믿을 경우 사람들은 스스로 동기를 부여하게 되어
    있다.
  • 리더는 조직을 하나로 묶는 '기가 막힌 일'을 계획하고 비전을 새롭게
    하여 조직원에게 동기를 부여해야 한다.

■ 공유된 [비전]은 나침반과 같아서 스스로 의사결정을 할 수 있는 기준
을 제공한다. 나침반이 가리키는 정확한 방향과 명확한 목표점이 있기 때
문에 도중에 장애물과 어려움을 만나더라도 결국은 목표점에 도달하게 하

는 것이다. 소수의 핵심 인물에만 의존했던 조직에서 다수의 사람이 참여할 수 있는 조직으로 변하게 한다.

- 목적, 목표가 선명하지 않으면 효과적인 전략을 세울 수 없다. 전략은 목적, 목표를 달성하기 위한 과정이기에 목표점을 명확하게 알지 못하면 그에 도달하는 방법도 알아낼 수가 없게 된다.

- 탁월하게 수립된 전략이라고 해도 명확한 비전이 있을 경우에만 제 기능을 다할 수 있다. 비전이 있어야만 전략 아이디어가 선명하게 머리에 들어오게 되고 그러한 전략이 세워져야 제대로 된 실행 계획도 세울 수 있는 것이다. 그 반대로 전술에 따라 전략을 세우거나 전략에 따라 비전을 세우게 되면 안 된다.

- 비전을 공유하면 조직원이 서로 단결하고 팀웍을 이루며 일하게 된다. 공통의 비전을 가지고 있으면 작은 배에 나뉘어 타더라도 같은 방향으로 노를 젓게 된다.

■ 반면에 공통의 비전이 없으면 어떠한 조직도 쉽게 와해될 수 있다. 뚜렷한 비전이 없으면 논쟁하고 밥그릇 싸움을 벌이며 사소한 욕심 채우기에만 급급하고 초창기의 활기와 정신은 퇴색해 버린다. 공통 목표와 전체 조직의 강화를 위해 매진하기 보다는 에너지를 소진시키는 일에 더 시간을 쏟게 된다는 것이다.

사 례

　심각한 문제를 안고 있는 대부분의 조직을 둘러보면 모든 어려움의 근본 원인이 명확한 비전의 결여에 있다는 것을 알 수 있다. 가장 극적인 사례로서 1970년대 베트남전에 참전했던 미국의 사례를 들 수 있다.

　미국은 개별 전투에서는 엄청난 무기와 화력으로 승리를 거듭하였다. 그러나 미국은 궁극적으로 무엇을 달성해야 하는지를 정확하게 몰랐고 그래서 효과적인 전략을 세울 수가 없었다. 결국은 엄청난 우위에도 불구하고 베트남전에서 비참한 패배를 당하고 만다. 이는 당시의 지휘부에서 임무나 병력의 숫자를 한번도 정확하게 말해준 적이 없었다고 한다. 그래서 전략도 구체적으로 세운 적이 한 번도 없었다고 한다. 그저 적을 향해 열심히 싸우다가 고국으로 돌아가라는 지시만이 있었을 뿐이라고 한다.

　목적이 선명하지 않으니 전략도 세울 수가 없었고 제대로 된 전술도 세우지 못하다가 결국은 처참한 패배를 당하고 만 것이다.

─○ [비전]의 구성 요소

■ 비전은 핵심 가치, 목적(존재 이유), 미션(사명), 목표 등의 내용을 함유하며 구성되기도 하고 이들과 독립된 항목으로 존재할 수도 있다.

첫째, 비전 내용은 사업의 영역을 명확히 하는 것으로부터 출발한다. 어느 제품을 어떤 고객에게, 또는 시장에서 어느 지역, 어느 나라에서 취급할 것인가를 구체화한다.

둘째, 목표 시장 내에서 매출을 어느 정도의 범위로 하며 필요한 이익 수준과 이익률에 대한 목표를 설정하는 것이다.

셋째, 설정한 목표를 달성하려면 어떤 기능이 중요하며 어떤 자세와 방법으로 사업을 전개할 것인가를 결정해야 한다. 이를 위한 분석 결정 툴로서 **비즈니스 모델**(고객 모델, 가치 생성/전달 모델, 수익 모델, 비용 모델에 대한 결정)과 **비즈니스 시스템**(연구개발, 생산, 구매, 판매, 사후관리 등의 과정에 대한 역량 강화) 상에서 경쟁의 차별성과 우위를 쌓기 위한 방법을 설정한다.

넷째, 비전 달성을 위한 활동과 운영을 원활히 하려면 어떤 인재가 필요하며, 어떻게 인재를 육성할 것인가, 필요한 자금은 어떻게 조달할 것인가, 원가 경쟁력 확보를 위해 어떤 조치를 취할 것인가, 고객 만족을 위한 시스템은 어떻게 구축할 것인가 등의 내용과 각 요소별 이미지를 일관성을 견지하면서 전체상을 설계한다.

　비전과 전략이라는 용어 외에도 핵심 가치(경영 이념), 목적(존재 이유), 미션(사명), 목표라는 용어도 경영 활동 현장에서 자주 사용된다. 이들 용어는 비전 및 전략을 입체적으로 표현하기 위해 추가 개념으로 주로 사용된다. 독립적으로 사용할 수도 있고 비전과 전략에 그 의미를 포함시켜 표현하기도 한다.

　☞ 핵심 가치(경영 이념)는 조직 리더가 중시하는 기본 신념이나 가치관, 열망 등을 구체화한 것이다. 구체적으로 어떤 방식으로 사업을 수행하겠다는 것을 나타내며 기업의 사회적 책임에 대한 인식을 담고 있다.

　☞ 목적(존재 이유)은 기업이 존재하는 근본 이유를 간단하게 표현하면서 구성원이 동기를 부여 받을 수 있는 내용으로 구성된다. 미션(사명)과 동일한 개념으로 사용된다. 구성 내용은 핵심 가치에서 비롯되어진 그 기업의 '존재 이유', '사회적 사명'으로서 최상위 개념으로 위치하기도 한다.

　☞ 목표는 전략적 지향점을 구체적인 성과 지표로 나타낸 것이다.

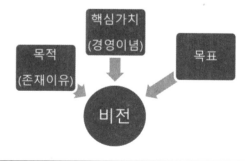

비전 수립은 어떻게 해야 하는가?

■ 비전이란 환경의 변화를 고려한, 조직이 미래에 도달해야 할 바람직한 모습, 즉 미래상이다. 비전은 조직이 추구하는 단순한 꿈이 아니다. 비전은 장기적인 시각에서 현실과 미래를 연결해주는 전략적 구상이다. 비전에서는 조직이 미래에 어떤 모습으로 보여야 하는지를 나타내야 한다.

● 비전은 추상적이어서는 안되며, 가능한 한 원하는 미래의 모습을 명확한 말로 표현하고 위로는 미션(mission)과 아래로는 전략(Strategy)의 연관 관계를 설명할 수 있어야 한다. 강력한 비전은 조직의 미래에 대한 윤곽을 제시한 것으로 모든 구성원들이 공유하는 정신적인 틀을 제공한다.

● 비전은 기업의 영속성을 담보하는 회사의 중장기적 발전상을 정의하는 것으로, 명확하고 간결해야 하는 등의 원칙과 자사 내부의 특성과 이슈의 고려 및 임직원의 적극적인 참여를 통한 이해관계자의 합의 및 수렴이 무엇보다도 중요하다. 비전의 일반적인 효과는 조직원들에게 뚜렷한 목적의식을 심어준다는 것이나 자칫 비전의 설정이 모호하거나 전략과의 연계가 미흡한 경우 소위 '액자 속의 비전'으로서 의미를 상실하는 경우가 많은 것이 현실이다. 따라서 기존 비전의 수정이나 신규 수립의 경우에는 간결성, 명확성 등 원칙적 기준에 철저할 필요가 있으며, 비전은 장기적이어야 하며 통상 10년 이상을 보고 설정하는 것이 바람직하다. 비전의 수정이나 신규 수립은 매우 조심스럽게 접근하여야 하며, 한번 수립된 비전 체계하에서 두 세 번의 중장기적 전략 수립이 이루어지는 것이 효과적이다.

비전 수립의 원칙

〈 비전 수립의 원칙 – SMART 〉

 Specific ❖ 모호하지 않고 정확한

 Measurable ❖ 측정 및 정량화가 가능하고

 Attainable ❖ 획득 가능한, 진취적이며

 Relevant ❖ 상위 경영 목표와 정합되는

 Time-Framed ❖ 특정 기한 내에 달성 가능한 목표

비전의 원칙	주요 고려 사항	주요 성공 요소
•명확하며 간결해야 함. •결과 지향적이어야 함. •미래상을 제시해야 함. •조직원들이 실행하지 않을 수 없는 동기를 제공해야 함. •Vision과 전략의 정합성이 확보되어야 함.	•조직의 전략적 목표는 무엇인가? •현재 기업 전략 및 운영상 주요 개선 분야는 무엇인가? •변화를 가능케 하는 요인은 무엇인가? •변화를 가로막는 요인은? •올바른 범위에서 정의되었는가?	•임직원의 참여 •적극적인 지원 •미래 지향적 •창조적 •현실적 실행 가능성 •내용의 용이성, 명료성 •이해관계자 그룹별 니즈 분석

비전 수립의 절차

■ 비전 수립의 첫 단계는 현 비전의 진단이다. 이를 통하여 내/외부 환경 분석, 전략적 시사점 및 도출된 전략 방향 하에서 현 비전이 적절한지를 판단하는 것이다.

■ 비전 진단 후에 비전 벤치마킹 → 테마 설정 → 워크숍 → 최종 선언문의 작성 순으로 이루어지는 것이 일반적인데 이 중 일부의 절차는 회사의 특성에 따라 생략하거나 순서를 바꾸어도 무방할 것이다.

〈 비전 수립의 절차 〉

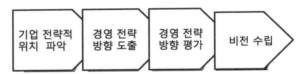

기업 전략적 위치 파악	경영 전략 방향 도출	경영 전략 방향 평가	비전 수립

비전 진단	비전 벤치마킹	비전 체계/ 테마 설정	비전 워크숍	비전 기술서
•현실성 •실현 가능성 •참여도	•비전체계의 벤치마킹. 동종 업계 또는 비저닝 선진 사례 •비전, 미션, 핵심 가치 등 체계의 구성 및 의미의 전달 체계를 벤치마킹	•비전 기술서의 하위 항목 정의 •창의력, 혁신 사례 등을 통한 각종 테마의 파악 •테마의 선택 및 정리	•직원 Workshop •임원 Workshop •팀 Workshop •비전 테마를 기초로 한 다수의 비전안 도출	•진단 결과, 설문 결과, 벤치마킹, 인터뷰, 워크숍의 결과를 토대로 비전 기술서의 하위 항목 확정 및 그에 따른 각각의 비전 기술서를 선정, 수정 또는 작성

좋은 비전이 갖는 특징

■ 비전은 기업의 영속성을 담보하는 회사의 장기적 발전상을 정의하는 것으로서 명시적이든 암묵적이든 조직원들의 마음 및 행동 양식에 어떠한 형태로든 반영이 되어야 한다.

여기에서 '어떠한 형태로든'이라는 의미는 기업의 비전 내용이 확고하게 제시되고 조직원들에게도 명료하게 전파되는 것을 말한다.

'어떠한 형태로든'을 구체적으로 검토하기 위한 기준이 실용성(Reality), 실현 가능성(Reliability) 및 참여도(Attractiveness)인 바, 원칙에 걸맞게 진단하되 조직의 특성을 함께 고려하는 것이 필요하다는 점을 강조하고 싶다.

좋은 비전은 다음과 같은 특징을 갖추고 있어야 한다.

첫째, 조직에 대한 바람직한 미래상, 즉, 미래에는 우리 조직이 어떻게 될 것이라는 그림을 보여 주어야 한다.

둘째, 모든 이해관계자에 대한 호소력, 곧, 우리 조직과 관계하는 고객, 구성원, 협력체들 모두에게 의미가 있어야 한다.

셋째, 공유 가능성으로 간결하고 명료해야 한다. 즉, 모든 구성원이 비전을 기초로 의사결정을 하고 행동하기 위해서는 간단하고 기억에 남게 만들어야 한다.

넷째, 실행 가능성이 있어야 한다. 변화와 혁신을 통하면 충분히 달성할 수 있는 목표이어야 한다.

〈 비전 진단의 기준 〉

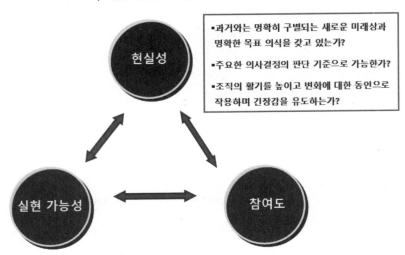

현실성
- 과거와는 명확히 구별되는 새로운 미래상과 명확한 목표 의식을 갖고 있는가?
- 주요한 의사결정의 판단 기준으로 가능한가?
- 조직의 활기를 높이고 변화에 대한 동인으로 작용하며 긴장감을 유도하는가?

실현 가능성

참여도

실현 가능성
- 개인 업무의 승화 및 조직에의 소속감이 강화되는가?
- 도전적이지만 실현 가능하게 느껴지는가?
- 조직 구성원에게 전파, 이해 및 수용시키는 활동이 충분했는가?
- 비전을 조직 구성원 개인의 목표로 승화시켰는가?

참여도
- 5~10년 후의 조직 미래상에 대한 충분한 이해와 노력이 있었는가?
- 조직, 경쟁사 및 고객에 대한 사실적인 분석에 기초하였는가?
- 비전이 구체적인 실행 전략과 밀접히 연계되어 있는가?
- 최고 경영층의 적극적이며 가시적인 리드 활동이 있었는가?
- 핵심 구성원의 적극적인 참여 및 피드백 활동이 있었는가?

비전 수립 시 유의해야 할 점

■ 비전은 기업, 사업부, 기능 수준에서의 전략과 실행 계획을 기업 전체의 방향성에 맞추어 조정, 통합하는 역할을 한다는 측면에서 매우 중요하다. 한편, 비전 수립에 있어서 많은 사람들이 오해를 하는 부분은 다음과 같으며 이러한 점을 유의하여 비전을 수립할 필요가 있다.

첫째, 비전 선언문(Vision Statement) 작성이 비전 수립의 전부라는 생각에 빠져 들기 쉬워지는 경우가 많다. 많은 기업들이 비전을 수립하다 보면 비전의 획기적인 내용 등에 집착하게 된다. 비전은 핵심 역량, 전략 목표, 전략 과제, 실행 계획 등의 전략 수립에 있어서의 구성 요소 등을 연결하는 요소이다. 이런 점에서 비전 선언문 자체에만 신경 쓰기보다는 비전의 구성 요소에 대한 섬세한 연결성에 신경 쓰는 것이 비전 수립이라는 본연의 목적을 다하는 것이다.

둘째, 비전은 영구 불변한 것이라는 선입관을 가지게 된다. 비전을 수립하고 나면 그만이라는 식의 오해가 많은 것이 사실이나 비전은 환경이 변화하면 달라질 수밖에 없는 것이며, 비전을 수립한 것은 비전을 달성하기 위한 첫발자국을 뗀 것에 불과한 것이다. 비전을 수립한 후, 그에 따른 사업 전략 및 실행 계획을 수립하고, 이를 성과 지표로 관리하며, 기업 구성원 간 끊임없는 커뮤니케이션을 통하여 소통함으로써 비전을 달성하는데 주력해야 한다.

■ [비전]은 전 임직원이 공유할 수 있어야 하기 때문에, 간결하고 선명해야 하며, 임직원에게 "창조적 긴장"을 불러일으킬 수 있어야 한다.

"몇 년 뒤에 얼마의 매출을 달성하겠다."는 방식으로 너무 세부적인 내용으로 비전을 수립하는 경우에는 기업의 행동 범위를 제약할 수 있다. 반면 "국민에게 사랑 받는 일등 기업이 되겠다."는 방식의 막연하고 애매한 내용으로 비전 문구를 설정하게 되면 기업이 지향하는 핵심 가치를 구체적으로 발견하기가 어려워진다.

[비전]은 기업의 미래상을 달성하기 위해서 수립하는 것이다. 그래서 달성될 때까지 꾸준하게 관리하는 것이 [비전]을 수립하는 것보다 더 중요하다는 점을 명심해야 한다.

비전 선언문 표현의 유형

■ 비전 표현의 유형은 **목표 지향형, 내부 개혁형, 경쟁 지향형 및 롤 모델형**으로 나뉜다. 비전 표현의 유형에 대해 우열을 가름하기는 힘들지만, 회사의 나아갈 방향을 그때의 상황에 비추어 분명히 대·내외에 인식시킬 수 있는 유형이 최적의 유형이라고 할 수 있다. 그런 면에서 경쟁 지향형이나 롤 모델형을 유심히 살펴볼 필요가 있다.

  일반적으로 기업들은 벤치마킹의 대상을 신규 사업 영역이나 프로세스, 조직, 경영 혁신 등을 대상으로 하는 경우가 많은데, 비전 자체를 벤치마킹함으로써 경쟁사의 전략을 엿볼 수 있고 차별화할 수 있는, 자사만의 비전을 선정하는 데 큰 도움이 될 수 있다.

● 우리나라 기업의 경우 대개 목표 지향형 비전을 설정하고 있는데 비전을 설정하더라도 구성원들과 공감대를 형성하지 못한 비전은 비전의 전파

및 실행에 장애가 되는 경우를 종종 발견하게 된다.

● 비전을 변경하고자 할 때는 목표 지향형보다는 다른 형태를 취함으로써 차별화는 물론이고 구성원에 대한 피로감을 제거하고 신선함을 제공하는 방향이 바람직하다.

● 메시지로 구성함으로써 명확성과 전달성의 제고에 초점을 두어야 한다. 회사에 따라 비전과 미션 모두를, 비전과 미션 중 하나만을 채택하기도 하나 이는 역시 간결하고 분명한 메시지 전달을 위해서 필요하다. 유명회사나 경쟁사의 비전을 벤치마킹함으로써 신선한 아이디어를 얻는 효과가 있다. 그러나 자칫 창조보다는 모방으로만 흐를 수 있는 단점도 있다.

● 과거 우리나라의 많은 기업들이 경영 철학 · 이념, 비전, 사원 정신, 경영 목표 등의 내용을 비전 선언문으로 휘황찬란하게 망라해 놓은 경우가 많았으나 의도했던 효과보다는 '액자 속의 구호'로만 그치는 경우가 많았다. 그 이유는 조직 구성원의 공감대 미흡인 것이다. 또한 비전 선언문 내에서의 표현상의 모순 및 진정 담아야 할, 지향하는 핵심 가치에 관한 메시지의 누락 때문이다.

● 비전 선언문은 간명하면서 포인트를 정확히 집어내어서 작성하는 것이 바람직하다.

〈비전 선언문의 예시〉

❖ 2030년까지
   매출액 1,000억 원 기업을 지향한다.

❖ 향후 10년 이내에
   안정적인 계약 위주의 기계 부품 기업에서
   자체 개발 기술을 보유한 인공지능 회사로
   변모한다.

❖ 2위 업체인 ㅇㅇㅇ와의 매출액 격차를
   2배로 늘린다.

❖ △△△의 모든 분야를 적극 벤치마킹하여
   5년 이내에
   동종 업계 국내 1위로 부상한다.

비전 체계의 설정

비전을 구성하는 주요 내용은 기업 의지의 뿌리라고 말할 수 있는 [하고 싶은 일], 사업 환경에 대한 깊은 이해와 조직의 목적으로부터 비롯되는 [해야 할 일], 조직의 역량을 고려하여 결정되는 [할 수 있는 일]을 선진 모범사례의 벤치마킹을 통해서 종합적으로 거르고 조정한 것으로 구성된다.

< 비전 체계도 >

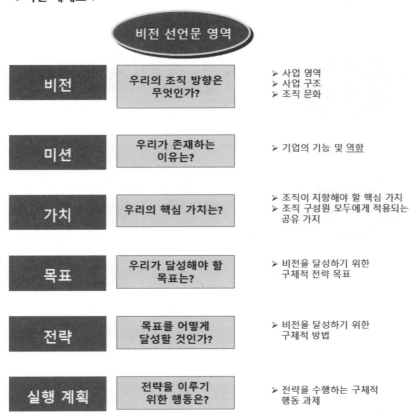

비전	우리의 조직 방향은 무엇인가?	➢ 사업 영역 ➢ 사업 구조 ➢ 조직 문화
미션	우리가 존재하는 이유는?	➢ 기업의 기능 및 역할
가치	우리의 핵심 가치는?	➢ 조직이 지향해야 할 핵심 가치 ➢ 조직 구성원 모두에게 적용되는 공유 가치
목표	우리가 달성해야 할 목표는?	➢ 비전을 달성하기 위한 구체적 전략 목표
전략	목표를 어떻게 달성할 것인가?	➢ 비전을 달성하기 위한 구체적 방법
실행 계획	전략을 이루기 위한 행동은?	➢ 전략을 수행하는 구체적 행동 과제

기업 의지인 [하고 싶은 일]은 창업 정신으로부터 잉태된 포괄적이고 광범위한 사업의 범위를 의미하며, 외부 환경에서 시초하는 [해야 할 일]은 사업의 환경이 바뀌면서 해야 할 일의 변모가 필요한 경우를 가리킨다.

내부 환경에서 출발하는 [할 수 있는 일]은 조직이 보유하고 있는 총체적인 역량을 감안하여 비전의 내용을 설정해야 한다.

비전은 [미션], [핵심 가치], [목표], [전략] 그리고 [실행 계획]을 담으면서 짜여지는 체계를 가지게 된다. 선진 기업의 경우 비전 체계를 단순화하고 이를 관리하는 프로세스에 집중하고 있다는 점을 감안해 볼 때, 비전 내용을 구성하고자 할 때에는 핵심을 포함하면서도 최대한 단순화시키기 위한 노력이 필요하다.

비전 수립의 실제 작성 사례
: 공항 기업의 경우

사 례 ◎

■ 고객별 핵심 가치의 정의

● 비전 수립 워크숍에서 사용된 사례로 고객별 핵심 가치 정의 → 사업 구조 및 주요 서비스 정의 → 핵심 역량 및 핵심 전략 정의 → 조직 문화 및 조직 구성원의 가치 정의 → 구성 요소별 핵심 단어 도출 → 비전 선언문 작성의 순서로 이루어진다.

● 고객별 핵심 가치는 기업이 당면한 고객을 나열하고, 고객이 기업에게 필요로 하는 가치를 정의하는 것이다.
본 사례에서는 내부 고객이 포함되어 있는데, 굳이 내부 고객의 가치를 정의할 필요 없이 전통적인 고객으로 정의하면 된다.

☞ "왜 고객이 우리가 제공하는 서비스 또는 제품을 이용하는지"의 근본적인 니즈(Needs)를 도출하는 것이 이 과정의 핵심이다.

■ 사업 영역 및 주요 서비스, 목표

● 주요 사업 영역을 도출하고, 사업 영역의 매출 규모와 주요 제품 및 서비스를 나열한다.

● 5년과 10년 후에 어떤 모습으로 제품과 서비스가 변화하는지, 그리고 매출을 어떻게 변화시켜 나갈 것인지를 서술한다.

☞ 기업의 미래상(To-Be 모델)을 서술하는데 있어서 가장 기본이 되는 과정이다.

고객별 가치 제공 중심 비전 선언문

고객명	핵심적인 가치
내부 고객	• 자기 개발을 통한 공항 운영 전문가 양성 • 최고의 대우를 통한 신명나는 직장 분위기 조성
승객 및 여객	• 친절하고 편리한 공항 서비스 제공 • 승객이 신뢰하고 안전하게 이용할 수 있는 공항 • 신속하고 정확한 공항 서비스 제공
항공사	• 완벽하고 안전한 항공(공항) 시설 제공 • 친절하고 신속한 민원 처리
입점 업체	• 쾌적한 영업 환경 제공 • 수익 창출을 위한 협력 체계 구축
상주 기관	• 공공성과 효율성을 위한 편리한 시설 제공
시설 이용자	• 차별화된 상품 및 서비스 제공

사업 영역 및 주요 서비스 중심 비전 선언문

사업 영역	현재		2010		2015	
	사업 규모	주요 상품/서비스	사업 규모	주요 상품/서비스	사업 규모	주요 상품/서비스
공항 운영 관리 (여객-화물 수송)	항공 수익 (60%)	• 항공 운항정보 제공 • 유비쿼터스 마스터 플랜 수립 • 관제 지원 및 설비 운영	항공 수익 (50%)	• 유비쿼터스 공항 실현 • 저가 항공사 지원을 통한 지방 공항 활성화	항공 수익 (50%)	• 유비쿼터스 전국 공항 확대
항공 노선 신규 개발		• 국내노선 및 한일 노선		• 북한 노선 Beseto Line		• 동남아
비항공 수익 개발	비항공 수익 (40%)	SKY CITY 개발	비항공 수익 (50%)	• 골프장 및 부대 시설 개발 • SKY PARK 조성 • 육상 교통과의 연계(고속터미널 등)	비항공 수익 (50%)	• 소규모 열병합 발전 시설 개발
공항 개발 사업 및 위탁 경영		• 공항 관련 R&D 설치 • 대외 협력 • 마케팅		• 공항 건설 운영 노하우 축적 및 진출 • 공항 관련 첨단 장비 개발(DME, ICS) • 운항관리 시스템 (FIS, 주기장 관리 등)		• 북한 내 공항 개발 및 위탁운영 • 중국 내 공항 위탁 경영 • 교육 서비스 및 프로그램 판매 • 공항 운영 컨설팅
홍보 및 사회적 책임/역할		• 홍보 강화 • 소음 대책 사업		• 공항공사 이미지 향상: 500대 기업 • 공항 주변 지역 그린공원 건설		• 민간 100대 기업 수준

■ 핵심 역량에 기반한 추진 전략 내용 도출

● 기업이 가지고 있는 핵심 역량과 지금까지 행하였던 핵심 전략을 도출하는 과정이다. 기업이 가지고 있는 핵심 역량은 모든 분야에서 도출될 수 있도록 포괄적으로 검토, 분석되어야 한다.

● 본 사례는 공공기관의 특수성을 보유한 공항 기업의 사례로서 특정한 항목에 집중해야 할 추진 전략 내용을 도출하지 않고 인사 전략, 마케팅 전략, 조직 전략, 기술 전략 등 전 분야에 걸쳐 일반적 전략 내용을 도출하는 것이 주어진 과제였다.

<핵심 역량에 기반한 추진 전략 도출 사례>

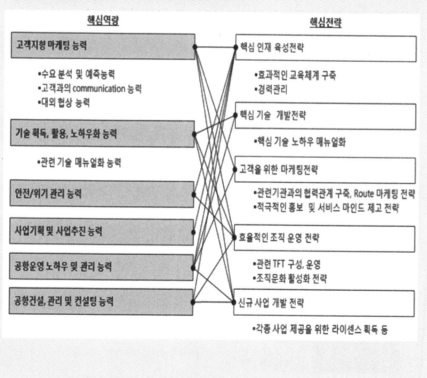

■ 구성 요소별 핵심 단어의 도출

고객, 사업 구조, 핵심 역량, 추진 전략, 조직 문화, 조직 구성원에 있어서 핵심 단어를 도출, 그에 따른 미래상을 서술문으로 작성하는 과정이다.

이 과정은 비전 선언문을 작성하는 핵심 단어를 도출하는 과정이라는 점에서 구성원들의 합의를 거쳐야 할 뿐만 아니라 여러 차례 퇴고를 거쳐 작성해야 한다. 도출된 핵심 단어를 중요도에 따라서 평가하면 비전 선언문을 작성할 때 도움이 될 수 있다.

선택 여부의 기준은 내/외부 분석과 전략 방향을 고려, 적합성과 실현 가능성 등을 종합적으로 감안하여 설정해야 한다.

<구성 요소별 핵심단어에 기반한 비전 서술문 작성 사례>

구성요소 체계	핵심 단어	서술문
고객	최상의 서비스 일류 공항	최상의 서비스로 최고의 만족을 제공하는 세계 일류 공항 기업 (고객이 감동할 수 있는, 친절하고 편리한 최상의 공항)
사업 구조	글로벌 공항 사업 사회적 책임	공항의 세계적 모델이 되자. 지역 주민과 함께하는 사회적 책임을 다하는 공사
핵심 역량	공항 운영 노하우 가치 창조	공항 운영 노하우를 통한 가치 창조 실현
핵심 전략	핵심 인재 기술	핵심 인재와 기술을 바탕으로 한 최상의 공항 운영
조직 문화	합리주의 성과와 능력	성과와 능력을 중시하는 합리적인 조직 문화
조직 구성원	도전 정신 Global Mind	세계를 향한 도전적인 인재

■ 비전 선언문 작성

조직 구성원이 모인 워크숍에서 도출된 비전 선언문이 그대로 최종 비전 선언문으로 채택되는 경우는 매우 드물다. 이는 경영진의 전략적 의도를 충분히 반영하기 어렵기 때문에 그러하며, 관련 전문가의 참여가 없기 때문일 수도 있다.

그럼에도 불구하고 조직 구성원의 참여가 이루어진 비전 워크숍에서 도출된 비전 선언문이 의미가 있는 것은 비전을 만드는 과정에서 공유되는 내부/외부 환경 분석 내용이 주는 메시지와 이에 근거하여 경영전략 방향에 대한 공감대를 형성할 수 있다는 것이 기업으로서는 엄청난 조직의 재산을 얻게 되기 때문이다.

그리고 이러한 비전 워크숍을 통해서 기업의 경영 환경에 대한 조직 구성원의 이해를 높임으로써 비전 및 전략이 소통될 수 있는 기반을 구축한다는 것은 차후 전략을 실행하는 데 큰 도움으로 작용한다.

〈비전 선언문 작성 사례〉

우리는 공항 기업의 세계적 모델이 된다.

하나, 우리는 최상의 서비스로 최고의 만족을 제공하는 세계 일류 공항으로 발전한다.

둘, 우리는 세계화를 지향하고 도전 정신으로 성과와 능력을 중시하는 합리적인 조직 문화를 만든다.

셋, 우리는 적극적인 인재 육성과 기술 개발을 통하여 공항 운영 노하우를 자원화함으로써 가치를 창조한다.

넷, 우리는 봉사와 희생 정신을 바탕으로 인류애를 실천하고, 지역 발전에 공헌함으로써 사회적인 책임을 다한다.

우리는 왜 목표를 설정해야 하는가?

■ 무언가를 이루기 원한다면 구체적으로 이루고자 하는 것에 대한 목표를 세워야 한다. 개인이든 기업이든 매달, 매년 해야 할 목표를 설정하고 이를 달성하기 위해 노력하게 된다. 그리고 그 노력들이 모여 성공하는 미래를 만든다.

목표는 **기업의 사명과 전략적 지향점을 구체적인 성과 지표로 나타낸 것**이다. 사명이 수립된 후에 이를 추구하는 과정에서 달성해야 할 결과를 구체화한 것이 목표가 된다.

의미 있는 목표는 그 자체로서 강력한 동기부여가 될 수 있다. 기업들이 목표 설정을 너무 당연시하다 보니 목표를 왜 설정해야 하는지 그 의미는 간과한 채 수립하는 경우가 많은데, 구체적인 시기가 설정되어 있고 그 시기 동안 달성하고자 하는 것을 구체적으로 표현하는 것이다. 그 내용이 일관성을 가지게 될 때는 조직의 구성원에게 매우 큰 동기부여 요인으로 영향을 미칠 수 있게 된다.

기업이 어떤 목적을 위해 존재하는지 알기 전까지는 사업의 의미나 동기를 발견할 수 없다. 존재 목적을 찾기 위해서는 "왜"라는 질문에서부터 출발해야 한다.

"왜 우리 조직이 존재하는가?, 조직으로서 우리는 무엇이 되어야 하는가?, 조직으로서 우리는 무엇을 해야 하는가?"라는 질문을 해야 한다.

목표를 설정하는 방법

■ 기업 목표는 기업의 비전을 측정 가능한 구체적 목표로 환산하는 작업이다. 기업의 미래상인 비전이 설정되어지면 기업 목표는 전략적 의사결정이 이루어지는 환경을 만들어 줌과 동시에 의사결정에 대한 방침을 제공하는 역할을 한다. 즉, **비전의 달성을 추구하는 과정에서 달성해야 할 결과를 구체화하는 것이 목표이다.**

목표 설정의 필수 조건으로서 첫째, 자사의 비전과 현 상태가 연결되어야 한다. 둘째, 달성 여부가 측정 가능하도록 구체적이고 일관성이 있어야 한다. 셋째, 장기적이고 의욕적인 내용의 목표이어야 한다.

목표는 크게 전략 목표와 재무 목표로 나뉘는데, 전략 목표는 장기적이고 기업의 전략적 포지션을 향상시키는 데 초점이 맞추어지는 반면 재무 목표는 재무적 성과에 초점이 맞춰지는 목표이다.

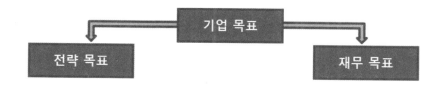

기업 목표는 상향적(bottom-up)이 아니라 하향적(top-down)인 과정으로 설정되는 것이 바람직하다. 즉, 상위 계층의 목표는 각 하위 계층의 목표 설정에 지침이 된다.

구체적으로 기업 전체의 목표가 설정되면 이에 따라 각 사업부의 목표가 설정되고, 다시 이에 따라 각 사업부 내의 영업 부문과 생산 부문 등의 목표가 결정된다. 영업 부문의 목표는 다시 지역별/제품별로 목표가 결정되는 것이다. 이렇게 정해진 목표는 조직의 전략 수립과 이에 따른 제반 활동들이 일관성을 가지고 통합적으로 이루어지도록 한다.

여기서 잠깐

☞ 경영 컨설팅을 통해 살펴본 결과 대부분의 기업들이 목표를 설정할 때 복수의 목표(3~4개)를 가지고 있으며 주로 재무적 성과 목표를 가지고 있고, 전략적 성과 목표는 기업 상황에 따라 그 내용이 다양하게 설정되어 있었다.

재무 성과 영역	전략 성과 영역
- 수익성	- 사회적 책임
- 성장성	- 제품의 품질과 서비스
- 시장점유율	- 연구개발
	- 다각화
	- 효율성
	- 재무구조의 안정성
	- 경영관리 수준의 향상
	- 국제화

03

경영전략 수립

"현명한 사람은 그가 가진 모든 달걀을 한 바구니에 담지 않는다."
− 세르반테스 −

"어떻게 운영되는 지를 모르는 사업은 절대로 손을 대지 말아야 한다."
− 잭 웰치 −

경영 현장에서의 전략의 역할

■ 전략은 회사의 강점을 활용해 다른 경쟁자들에 비해 **자신의 비즈니스를 차별화시키는 방법**이다.

● 전략은 다양한 경영 활동을 조합하여 가치 있고 의미 있는 결과를 확보하는 것을 목적으로 한다. 자신만의 차별성과 자신에게 맞는 행동 패턴을 갖추게 하는 지표로서의 역할을 담당한다.

● 전략은 자신의 **강점과 환경의 기회 요인을 분석**한 뒤에 어떻게 가장 효율적인 방법으로 자신을 환경이라는 표적에 정확하게 맞추는가를 **창조적으로 생각**해낼 때 그 위력을 발휘한다.

〈분석적 사고 + 창조적 사고 = 전략적 사고〉

   전략을 기업이 환경에 대응하는 내용이라고 볼 때, 고객 환경에 대응하는 것을 **고객 전략**, 경쟁 환경에 대응하는 것을 **경쟁 전략**으로 정의하고 성장 환경에 대응하는 것을 **성장 전략**이라 구분할 수 있다. 그리고 대응하는 영역별로 구분하면 개인 전략, 조직 전략, 기능별 전략, 사업 전략, 전사 전략으로 구분이 가능하다.

최근에는 전략을 환경에 대응하는 개념에서 확장하여 그 범위에 목적을 설정하는 것까지도 포함시킨다. 전략이 경쟁에서 승리하기 위한 계획이라면 **전술**은 실무 현장에서 성과를 얻기 위한 **실행 계획**이라 할 수 있다.

목 적	• 경영 이념, 존재 목적, 조직 목표 • 비전 수립
전 략	• **기업 전략**: 기업 진출 사업 영역 부문 결정 • **사업 전략**: 진출 사업에서의 경쟁 전략, 　　　　　　　경쟁우위 요소
실 행	• **기능별 전략**: 생산/ 마케팅/ 인사/ 연구개발/ 재무

경영전략 형성 과정

■ 전략은 의도적인 계획성의 유무에 따라 숙고 전략과 표출 전략으로 그 유형을 나눌 수 있다.

　의도한 계획대로 이루어지는 전략을 **숙고 전략**이라 하고 사전적인 계획이나 의도 없이 의사결정이나 행동에서 관찰되는 일관된 유형의 전략을 **표출 전략**이라 한다.

　숙고 전략은 합리적인 목표와 계획하에 수립된 전략으로서 계획한 대로 실행이 이루어지는 전략이라 할 수 있다. 사전 분석에 의해 도출된 형식지 중심의 전략 도출 방법을 주로 사용하게 된다.

　표출 전략은 조직의 학습 과정을 통해 자연스럽게 나타나는 것으로서 실행으로 형성된 전략이다. 계획이 전혀 없다면 사소한 행동이라도 시작하기 어렵다. 행동이 따르지 않는 계획은 아무 소용이 없다. 계획은 행동을 이끌어낼 수 있어야 하고, 경험과 학습을 통해 보완돼야 한다. **시행착오와 경험으로부터 전략을 발현하는 암묵지 중심의 전략 도출 방법**을 사용하게 된다.

　기업에서 실현되는 전략은 숙고 전략과 표출 전략의 결합이라고 할 수 있다. 숙고 전략이 어떤 의도적인 방향성을 제시해 주는 것이라면 표출 전략은 조직의 학습 과정과 경험 과정을 통해 자연스럽게 표출되는 것이라 할 수 있다. 따라서 표출 전략이 훨씬 개방적이고 유연하며 환경 적응적인 전략이 될 수 있다.

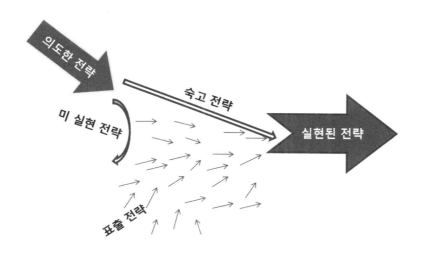

■ **전략은 기업이 환경에 대응하는 내용**이라고 할 수 있다.

경쟁 환경에 대응하는 것을 **경쟁 전략**이라 하고 성장 환경에 대응하는 것을 **성장 전략**이라 한다.

경쟁 전략은 경쟁 관계에 집중하여 경쟁적 우위 확보에 주력하게 되는 전략 내용을 가지게 되고, **성장 전략**은 성장세에 있는 사업 분야에 진출하여 시장 확대를 위해 필요한 투자와 자원의 투입을 효율적으로 구사하는 것에 관한 전략 내용이 주로 이루어진다.

경영전략 수립의 네 가지 원칙

■ 경영전략은 비전으로부터 도출해야 한다.
■ 경영전략을 세울 때 조직의 장점과 독특한 능력을 활용해야 한다.
■ 경영전략은 실현 가능한 것이어야 하며 이를 위해서 내부 상황과 외부
　환경 요인을 고려해야 한다.
■ 경영전략은 실행할 사람들과 함께 세워야 한다.

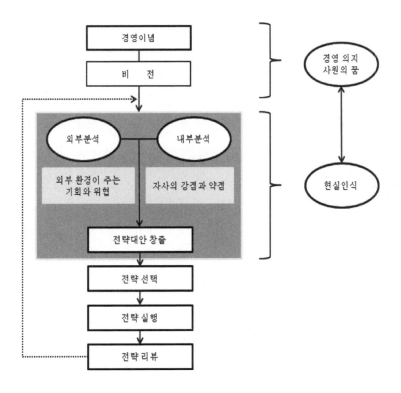

경영전략 수립의 단계

■ 경영전략 수립은 기업이 처한 환경 유형에 적합하게 수립되어야 한다. 그런데 환경에 대한 대부분의 가정은 환경 변화를 예측할 수는 있지만 환경을 컨트롤할 수는 없다는 것이다. 환경을 컨트롤할 수 없기 때문에 주어진 환경 내에서 최적의 포지션을 확보하는 경영전략이 유효해왔다.

이러한 전략적 포지션의 핵심은 규모의 경제와 차별화 및 핵심 역량을 근간으로 구축되어 졌다. 환경적 맥락에서는 외부 및 내부 환경 간의 적합성을 '**분석**'하고 그 변화를 '**예측**'하고 경쟁 우위를 유지 강화할 수 있는 '**전략**'을 수립하고 엄격하게 '**실행**'하는 경영전략 방식을 적용하는 것이 바람직하다.

● 첫째(1단계): 경영전략 수립을 위해서 **환경에 대한 객관적이고 체계적인 분석**이 이루어져야 하는데, 기업의 외부 환경, 내부 역량, 자원에 대한 체계적인 분석을 통해 외부 환경의 기회, 위험 요인 그리고 기업 내부의 강점과 약점을 파악해야 한다.

● 둘째(2단계): 환경에 대한 객관적인 분석을 기초로 조직의 비전, 사명, 목적과 목표를 고려하여 복수의 전략 대안을 마련한다. 각 대안들의 예상되는 재무 성과, 실행 용이성, 제약 조건과 위험 요인들을 비교 평가한 후 **최적의 전략 대안을 선택, 결정한다.**

● 셋째(3단계): 조직의 비전과 목표 달성을 위해서는 선택된 전략 대안에

따른 세부적인 전략 과제를 수립한다.

● 넷째(4단계): 전략의 실행을 위하여 세부적인 실행 계획을 수립하고 그와 함께 명확한 **실행 주체, 일정 계획, 경영 자원의 배분**도 이루어져야 한다.

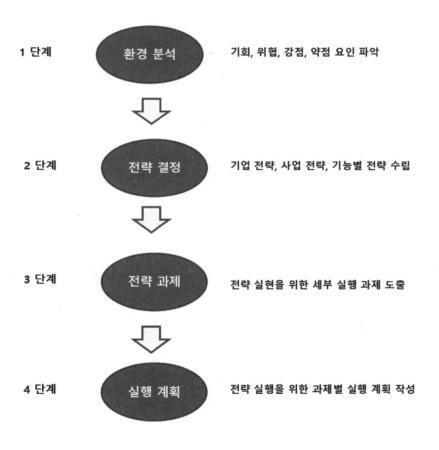

1 단계   환경 분석   기회, 위협, 강점, 약점 요인 파악

2 단계   전략 결정   기업 전략, 사업 전략, 기능별 전략 수립

3 단계   전략 과제   전략 실현을 위한 세부 실행 과제 도출

4 단계   실행 계획   전략 실행을 위한 과제별 실행 계획 작성

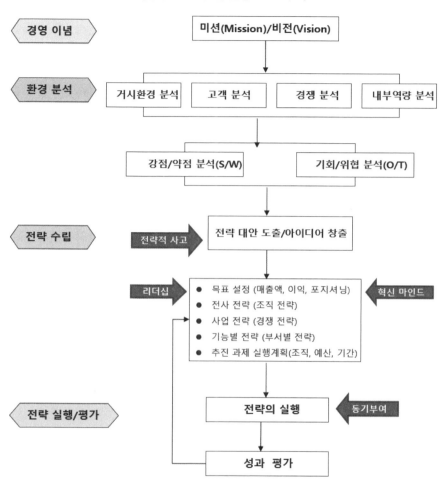

〈경영전략 수립/실행 프로세스〉

경영 이념 — 미션(Mission)/비전(Vision)

환경 분석 — 거시환경 분석 | 고객 분석 | 경쟁 분석 | 내부역량 분석

강점/약점 분석(S/W) | 기회/위협 분석(O/T)

전략 수립 — 전략적 사고 → 전략 대안 도출/아이디어 창출

리더십 →
● 목표 설정 (매출액, 이익, 포지셔닝)
● 전사 전략 (조직 전략)
● 사업 전략 (경쟁 전략)
● 기능별 전략 (부서별 전략)
● 추진 과제 실행계획(조직, 예산, 기간)
← 혁신 마인드

전략 실행/평가 — 전략의 실행 ← 동기부여

성과 평가

외부 환경 분석

■ 경영전략은 기업의 내부 경영 자원 및 조직 역량을 그 기업이 처한 외부 환경과 연결하는 중요한 연결 고리이다.

: 경영전략 수립은 단순히 노력이나 창의성에 의해서 이루어지는 것이 아니라 합리적인 분석에 바탕을 두고 있다. 기업의 목표가 설정된 후 가장 먼저 진행되어야 할 사항은 기업의 외부 환경에 대한 분석이다. 외부 환경은 조직 외부에 있는 모든 것을 총칭하는 개념이다. 그런데 모든 환경 요인을 분석 대상으로 삼는 것이 아니라 기업이 추진하고자 하는 사업과 관련된 환경 요인에 국한해서 분석의 범위를 설정하는 작업이 매끄럽게 먼저 이루어져야 한다.

오늘날 기업의 생존과 성장의 첫 번째 요건은 환경 적응이다. 즉, 경영전략이 환경에 적합하게 수립되어야 한다는 뜻이다. 외부 환경은 기업에게 위협이자 동시에 기회가 되기도 한다. 환경 변화는 기업 입장으로는 내부 능력이나 환경에 대처하는 방식, 즉 경영전략의 내용에 따라 위협이 되기도 하고 도약의 기회가 되기도 하는 것이다. 그러므로 환경 분석은 환경으로부터의 위협에 적절히 대처하면서 다른 한편으로는 환경에 잠재되어 있는 기회를 발견하여 경영전략 수립에 적극 활용하기 위한 필수적인 과정이다.

환경은 일반 환경과 산업 환경으로 나뉜다. 일반 환경은 영향력의 범위가 넓고 특정 시스템 내의 모든 기업에 유사한 영향을 미친다. 반면, 산업 환경은 그 영향의 범위가 특정 기업에 국한되며 기업에 따라 미치는 영향이 조금씩 다르다. 이러한 환경 요인들은 기업 활동에 독립적으로 영향을 미치기도 하고 상호 유기적으로 관련되어 영향을 미치기도 한다.

환경 요인은 기업의 업종에 따라 그 영향 강도가 다르므로 이에 대한 사전 요인 선별 작업이 이루어져야 한다.

환경 분석은 외부 환경 분석과 내부 역량 분석의 두 가지 측면에서 진행된다. 외부 환경 분석을 통해 그 기업이 처한 기회 요인과 위협 요인을 찾아내게 되며, 내부 역량 분석을 통해 기업이 지닌 강점과 약점을 찾는다.

외부 환경 분석에 활용하는 분석 도구로는 **PEST 분석 툴, 5 경쟁요인 분석 툴** 등이 있다.

내부 역량 분석을 통해서는 기업의 현재 위치와 역량, 자원의 활용 등을 알아내는데, 분석 도구로는 **BCG 매트릭스 분석, GE 매트릭스 분석, 가치 사슬 분석 툴, 7'S 조직 역량 분석 툴, 비즈니스 시스템분석 툴** 등이 있다.

이렇게 외부 환경과 내부 역량 분석을 통해 산출된 분석 내용을 기반으로 정보 자료의 결합과 추가적인 해석 과정을 통해 내용을 심도 있게 구성하는 **SWOT 분석, 비즈니스 모델 9 캔버스, 3C 분석 모델**을 활용하여 종합적으로 경영전략의 방향과 내용을 제시할 수 있게 된다.

■ 외부 환경 분석은 경영전략에 영향을 미치는 요인을 분석하고 진단하는 과정이다. 외부 환경을 분석함으로써 기업의 기회 요인을 발견하고 사전에 위협 요인을 분석함으로써 위험을 제거할 수 있다.

외부 환경 분석은 보통 다음의 순서에 따라 이루어진다.

첫째, 환경 변화로부터 도출된 시사점을 기초로 긍정적인 기회 요인과 부정적인 위협 요인이 조직에 미치는 효과를 파악한다.

둘째, 기회 요인과 위협 요인으로 분류된 항목에 대해 중요도를 평가하여 중요도 순서에 따라 전략 방향 설정에 활용한다.

셋째, 기회 요인과 위협 요인의 성격을 모두 포함하고 있는 항목의 경우에는 한 단계 하부 단위로 세분화하여 분석 평가한다.

넷째, 외부 환경 분석의 결과물과 시사점을 요약하고 기회 요인과 위협 요인을 명확히 정리한다.

- 기회 요인: 사건, 시간 및 장소의 융합이 기업에게 유리한 편익을 줄 것으로 보이는 환경 요인을 말한다.
- 위협 요인: 기업에 중대한 손상을 줄 수 있고 성과 창출에 심각하게 방해할 수 있는 환경 요인을 말한다.
- 산업 매력도: 높은 성장률, 양호한 수익성, 낮은 진입 장벽, 용이한 퇴출이 가능한 산업인지를 점검한다.

〈외부 환경 분석 프레임 도구〉

거시환경 분석	산업구조 분석	시장 분석	경쟁 분석	시사점 도출
STEEP 분석 PEST 분석 : 정치, 경제, 사회 문화적, 기술, 생태 환경적 측면	5 요인(Forces) 분석 산업 가치사슬 분석 핵심 성공요인 분석	시장 규모 분석 산업/상품 수명주기 분석 기술 수용 주기 분석 제품원가구조 분석 고객 성향 분석	경쟁사 강/약점 분석 경쟁강도 분석	기회/위협요인 산업매력도 시장요구 사항

■ 거시 환경 분석: STEEP 분석, PEST 분석

일반 환경은 한 사회 내의 모든 조직에 유사한 영향을 미치는 거시 환경으로서 개별 기업의 입장에서는 그 영향의 통제가 힘들다. 일반 환경은 지속적으로 변하며 기업 활동에 기회와 위협 요인으로 작용한다. 따라서 중요한 것은 사전에 변화의 흐름을 예측하고 이에 대한 대응을 어떻게 하느냐의 여부이다.

일반 환경의 구성요인으로는 사회 문화적(Social-cultural), 기술적(Technological), 경제적(Economic), 생태적(Ecological), 정치적(Political) 환경 요인 등을 들 수 있다. 이 다섯 가지 요인을 기업의 경영 환경에 영향을 주는 외부적 요인을 파악하는 방법을 영문 알파벳 첫 자를 따서 **STEEP 분석**이라 한다.

이 중에서 생태적(Ecological) 요인 분석을 제외한 **PEST 분석**을 주로 사용하기도 하는데, 이 네 가지 요소(정치, 경제, 사회, 기술)가 기업의 경영 환경에 직접적인 영향을 주는 외부적 요인으로 알려져 있다. 한편, 지구 온난화, 이상 기후, 화석 연료에 의한 생태계 파괴 현상이 심각하게 발생되어 생태적(Ecological) 환경 요인을 고려하지 않으면 경영 활동에 대한 사회적 책임을 엄중히 묻고 지나가는 경영 환경이 조성되어 가고 있다.

PEST 분석		

정치적 환경(Political)
- 정부 정책, 법률적/제도적 변화
- 인허가/각종 규제
- 산업 구조조정, 여론 흐름
	경제적 환경(Economic)
	- 경제성장, 이자율, 환율, 물가상승률
	- 국내총생산, 무역수지, 국가신용도
		생태적 환경 (Ecological)
		
		- 지구온난화
		  이상 기후
		
		- 먼지/공해
		  정도
		
		- 천연자원
		  소진율

사회문화적 환경(Social-cultural) - 사회구성원의 신념, 태도, 라이프스타일 - 인구 통계, 교육 수준, 행동 양식/규범	**기술적 환경(Technological)** - 기술 발전 추세, 신기술 등장 내용 - 기술 수명주기의 파악, 기술 변화	
STEEP 분석		

여기서 잠깐 ✋

☞ 거시 환경 분석 시 고려하게 되는 요인

인구 통계
인구규모(지역별,
연령별) 출생·혼인·
사망률, 인구 구성비

정치
법률(규제·세제) 제도
정부·공공기관 동향
소비자보호 정책 동향

환경
천연자원, 에너지 정책,
환경단체 움직임
환경 규제, 여론

거시 환경 분석 요인

경제
경기 상황, 물가,
소득수준, 금리,
환율

문화
종교, 가치관, 윤리관·
사회 규범, 여론, 교육 수준,
문화/습관, 라이프사이클 등

기술
기술 혁신, 특허, 기술
수명주기, 생산·상품화
기술, 대체 기술

⬇

사업의 전제조건이 되는 거시적인 환경 요인을 선별한다.

■ 산업 구조 분석: 경쟁 환경 분석 [5 경쟁 요인(Forces) 분석]

산업 구조 분석은 산업의 특성과 산업 매력도를 결정하는 제반 요인들을 심층 이해하여 전략 수립에 반영하려는 분석 프레임 툴이다. 이 분석을 통해 **산업 구조상의 기회 요인 및 위협 요인**을 동시에 추려내고 **지속 가능한 경쟁 우위의 핵심 요인**이 무엇인지 분석, 정리해 나갈 수 있게 된다.

산업 환경은 산업 내의 기업들에게 직접적인 영향을 미치며 경쟁환경이라고도 한다. 산업 환경의 분석 방법으로는 포터(Porter) 교수의 산업 내 경쟁 결정 요인, 고객, 공급자, 산업 내 경쟁 업체, 잠재적 진입 업체, 대체재, 이 다섯 가지 요인에 대한 분석 방법이 있는데 이를 간단히 '5 경쟁 요인(Forces) 분석'이라고도 지칭한다.

이 분석 방법은 업계의 참여 매력도(수익성)에 영향을 미치는 요인이 업계 외부에도 존재한다는 내용을 담고 있고 **산업 내 경쟁의 양상과 수익률을 결정하는 요인**들을 체계적으로 분석할 수 있게 해준다.

5 경쟁 요인 분석은 모든 기업에 대한 산업 매력도를 나타내는 동시에 선발 기업이 우위를 유지할 수 있는지, 혹은 신규 진입자에게 기회가 있는지 등을 알려주므로 개별 기업의 전략 수립 기획 업무에 큰 도움이 된다.

여기서 잠깐 ✋

☞ 산업 구조 분석의 과정은 SWOT 분석 내용 중의 산업 환경상의 기회 요인, 위협 요인 도출을 위한 기본 분석의 과정이 된다.

☞ 산업 경쟁 강도가 낮은 것은 가격 경쟁이나 타 비용 지출이 낮아져 산업 수익률이 높다는 것을 의미하고, 경쟁 강도가 높아지면 해당 산업의 평균 수익률은 낮다는 것을 의미한다.

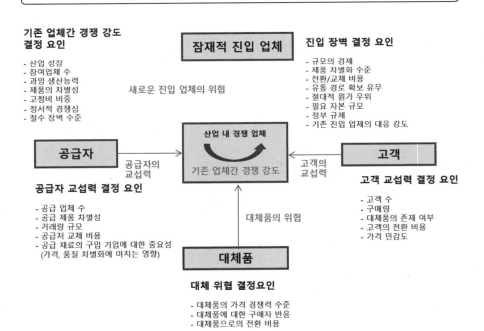

기존 업체간 경쟁 강도 결정 요인

- 산업 성장
- 참여업체 수
- 과잉 생산능력
- 제품의 차별성
- 고정비 비중
- 정서적 경쟁심
- 철수 장벽 수준

잠재적 진입 업체

새로운 진입 업체의 위협

진입 장벽 결정 요인

- 규모의 경제
- 제품 차별화 수준
- 전환/교체 비용
- 유통 경로 확보 유무
- 절대적 원가 우위
- 필요 자본 규모
- 정부 규제
- 기존 진입 업체의 대응 강도

공급자 ─ 공급자의 교섭력 → **산업 내 경쟁 업체** 기존 업체간 경쟁 강도 ← 고객의 교섭력 ─ **고객**

공급자 교섭력 결정 요인

- 공급 업체 수
- 공급 제품 차별성
- 거래량 규모
- 공급처 교체 비용
- 공급 재료의 구입 기업에 대한 중요성
  (가격, 품질 차별화에 미치는 영향)

대체품의 위협

대체품

고객 교섭력 결정 요인

- 고객 수
- 구매량
- 대체품의 존재 여부
- 고객의 전환 비용
- 가격 민감도

대체 위협 결정요인

- 대체품의 가격 경쟁력 수준
- 대체품에 대한 구매자 반응
- 대체품으로의 전환 비용

● **진입 장벽 결정 요인**: 잠재적 진입 업체는 현재 산업 내에서 경쟁하고 있지는 않지만 향후 동종 업종에 진입하여 경쟁에 뛰어들 의지와 능력이 있는 업체를 말한다. 산업의 **진입 장벽이 높다는 것은 신규업체 참여도가 낮아져서 경쟁 강도가 낮아지게 된다.**

☞ 규모의 경제: 생산량의 증가나 기업 규모가 커짐에 따라 나타나는 제품 원가상의 유리한 위치를 뜻한다. 규모의 경제는 생산, 구매, 유통, 마케팅 등의 전체 경영 활동에서 나타난다.

☞ 제품 차별화 수준: 제품의 특성이나 상표 인지도, 고객 서비스 등에서 기존 진입 기업들이 차지하고 있는 유리한 위치를 의미한다.

☞ 전환/교체 비용: 구매자(고객)가 기존에 사용하던 제품을 타사 제품으로 바꿀 때 발생하게 되는 비용

☞ 유통 경로 확보 난이도: 유통 경로(도매/소매 경로)를 확보하는 어려움의 정도

☞ 절대적 원가 우위: 기존 진입 기업만이 누리는 원가상의 유리한 점 (생산 노하우, 입지 조건, 경험 효과, 원자재에 대한 독점적 확보권)

☞ 필요 자본 규모, 정부의 규제, 기존 진입 업체의 대응 정도
: 해당 산업의 진입 장벽을 결정하는 요인의 수준 정도가 높을수록 진입 장벽은 높아지게 되어 산업의 수익률을 높게 유지하게 한다. 정유, 자동차, 항공기 산업 등이 대표적인 업종이라 할 수 있다.

● **업체간 경쟁 강도 결정 요인**

☞ 산업 성장률이 높아질수록 경쟁과 경쟁 강도가 낮아진다(수익률이 높아진다).

☞ 참여 업체 숫자가 적을수록 경쟁 강도가 낮아진다.

☞ 거대한 생산 설비를 갖추어 과잉 생산 능력이 필요해 질수록 호황과

불황이 반복된다(경기 순환에 민감).

☞ 제품의 차별성이 다양할수록 경쟁 강도는 낮아진다.

☞ 원가에서 고정비 비중이 큰 산업은 가격 인하로 인한 매출 증가로 비용 분산 동기가 작용하여 가격 인하를 시도하기 때문에 경쟁 강도는 높아진다(수익률은 낮아진다).

☞ 정서적 경쟁심이 높을수록, 철수 장벽이 높을수록 경쟁 강도는 높아진다.

● **고객 교섭력 결정 요인:** 고객은 가격 인하, 품질 향상을 요구하므로 고객의 높은 교섭력은 기업에게는 위협 요인이 된다.

☞ 고객수가 적거나 구매량 비중이 큰 경우 고객의 교섭력은 강해진다(영향력이 큼).

☞ 대체품이 존재하고 고객의 전환 비용이 낮은 경우 고객의 교섭력은 강해진다(쉽게 대체 구입이 가능함).

☞ 고객의 가격에 따른 소비량의 변화가 클 경우 고객의 교섭력은 강해진다(가격 인상이 어렵게 됨).

● **공급자 교섭력 결정 요인:** 교섭력이 강한 공급자는 가격 인상이나 공급량의 조절 등을 통해 기업에게 위협으로 다가올 수 있다.

☞ 공급 업체수가 적거나 공급 제품이 차별화되어 있거나 공급처 교체 비용이 크면 공급자 교섭력은 강해진다.

☞ 거래량 규모가 작거나 공급 재료에 대한 구입 업체의 중요도 비중이 높으면 공급자의 교섭력은 강해진다.

● **대체 위협 결정 요인:** 대체품은 고객 욕구의 충족이라는 측면에서 유사

성이 있는 제품을 말하며 대체품의 존재는 기업 입장에서는 위협 요인이 될 수 있다.

- ☞ 대체품의 가격이 낮을수록, 대체품에 대한 고객의 반응이 높을수록 대체품의 위협은 높아진다.
- ☞ 대체품으로의 고객의 전환 비용이 낮을수록 대체품의 위협은 높아진다.

내부 역량 분석

■ 내부 역량 분석은 조직이 보유하고 있는 자원이나 역량 측면에서 경쟁력이 있는 부분과 그렇지 못한 부분을 체계적으로 파악함으로써 그에 적절한 대응 전략을 구사하는 것을 목적으로 한다.

내부 역량 분석은 다음의 순서에 따라 이루어진다.

첫째, 내부 역량을 객관적 관점을 기반으로 우수한 강점과 열세로 분류되는 약점을 파악한다.

둘째, 강점 요인과 약점 요인으로 분류된 항목에 대해 중요도를 평가하여 중요도 순서에 따라 전략 방향 설정에 활용한다.

셋째, 내부 역량 분석의 결과물과 시사점을 요약하고 강점 요인과 약점 요인을 명확히 정리한다.

성과 분석	제품/고객 분석	보유 자원/역량 분석	통합적 분석	시사점 도출
수익성/활동성 측면 안정성/유동성 측면 성장성 측면	고객 세분화 적정성 BCG /GE 매트릭스 제품별 기여도 분석 고객 만족도 조사	· 가치 사슬 분석 · 비즈니스 시스템 분석 · 7S 조직역량 분석 · 자사/경쟁사 업무 프로세스 비교 분석 · 내부 강점요소 리스트	비즈니스 모델 분석 3 C 분석	강점/약점요인 경쟁우위 역량

● 내부 강점: 경쟁자에 비해 우위를 점하게 되는 기업이 지닌 특수한 능력이나 속성을 말한다.

● 내부 약점: 경쟁자에 비해 자체의 능력을 감소시키는 기업의 속성을 말한다.

● 경쟁 우위 역량: 조직의 활동 영역과 자원 활용에 대한 의사결정을 통해 경쟁자에 비해 지니는 독특한 능력과 위상을 말한다.

■ BCG 매트릭스

　BCG 매트릭스는 사업 포트폴리오 분석의 대표적인 모델로 꼽히는데, 미국의 보스턴 컨설팅 그룹(BCG)이 개발한 기법으로서 성장−점유율 매트릭스라고도 한다. 이 모델은 시장에서의 각 사업부(상품)의 위치를 성장률과 시장 점유율 두 변수만으로도 설득력 있고 간결하게 표시해 줌으로써 발표 당시 센세이션을 일으킨 분석 도구로서 지금까지도 널리 활용되고 있는 분석 기법이다.

● BCG 매트릭스는 외부의 환경 요인인 시장 성장률과 기업의 위상을 의미하는 상대적 시장 점유율에 의해 사업부를 평가하고, 기업 전체의 자원배분 기준과 사업부의 전략 방향을 제시해 준다.

　이 모델에서 세로축 변수인 시장 성장률은 해당 사업 분야의 미래 전망을 의미한다. 반면 가로축 변수인 상대적 시장 점유율은 시장에서 해당 상품(사업부)의 경쟁 지위를 나타내는 것이다. 상대적 시장 점유율은 규모의 경제와 경험 곡선 효과에 의해 해당 기업이 경쟁 기업에 비해 원가상의 우위를 보유하고 있다는 것을 의미한다. 따라서 두 축의 결합에 의해 상품(사업부)의 유망성을 평가할 수 있다.

● 각 사업부의 위치와 역할은 현금 창출의 잠재 능력과 경쟁자 대비 원가경쟁력 수준에 근거하여 결정된다. 이 두 역량의 차이가 자원 배분의 결정

요인이 되는 것이다. 이 모델은 다품종, 다 사업부 운영 기업들이 단일 품종 운영 기업들에 비해 생산성이 높은 부서에 자원을 집중시킬 수 있는 능력과 분위기가 형성되어 있다는 것을 기반으로 하고 있다. 즉, 최적의 자원 배분을 위해 회사의 사업 부서들이 각자의 개별적인 역할을 인식하고 이를 하나로 통합할 수 있는 역량을 가지고 있어야 한다.

● 시장 성장률과 상대적 시장 점유율은 기업 재무 자원의 효율적 활용에도 중요한 시사점을 준다. 시장 성장율은 기업의 자금 소요와 밀접한 관련이 있는데 성장률이 높은 사업의 경우 사업 확장을 위해 지속적인 투자가 필요하므로 많은 자금이 필요하다. 반대로 성장률이 낮은 사업의 경우 자금 소요는 그렇게 크지 않다.

한편, 상대적 시장 점유율은 자금 창출과 긴밀한 관계가 있고 이 수치가 높을수록 해당 사업으로부터 잉여 자금이 창출될 가능성이 높다.

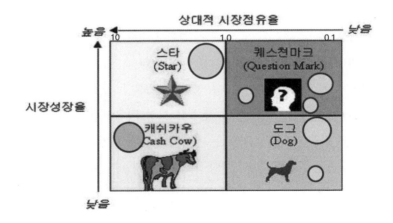

■ BCG 매트릭스 사업부문별 특징

● **Cash Cow** 사업은 성장률은 낮으나 해당 시장에서 선도적인 위치를 구축하고 있는 사업을 말한다. 따라서 새로운 투자의 필요성은 크지 않으면서 선도 기업으로서 많은 이익이 발생하는 사업이므로 여기에서의 잉여자금은 새로이 부각되는 Star 사업이나 Question Mark 사업의 주요 투자 재원이 된다.

● **Star** 사업은 시장 점유율도 높고 시장 성장률도 높은 사업으로서 현재의 시장 점유율을 유지하면서 성장을 위한 투자를 지속하여 장래에 현금을 낳는 Cash Cow(현금 젖소) 사업으로 계속 키워야 한다.

● **Question Mark**는 시장 점유율은 낮지만 시장 성장률은 높은 사업이다. 이러한 사업 부문이 선도적 위치로 가기 위해서는 상당한 현금 투자가 필요하다. 미래의 현금 낳는 젖소로 성장한다면 사업이 성공적으로 운영된 것이다.

● **Dog**는 시장 점유율과 시장 성장율이 모두 낮은 경우로서 현금 창출도 낮고 많은 현금 투자도 필요로 하지 않는다. 이 사업은 예외적인 경우를 제외하고는 사업의 축소 또는 시장에서의 완전 철수가 필요하다.
 기업들이 추구해야 할 가장 이상적인 사업 방향은 현금 젖소(Cash Cow)의 사업을 확보한 가운데 발생한 초과 현금을 유망한 사업, 즉 스타(Star) 사업이 될 가능성이 있는 물음표(Question Mark) 사업에서의 시장 점유율을 높이기 위한 투자 활동에 사용하는 것이다. 따라서 약한 경쟁력을 가진 물음표(Question Mark) 사업에서는 어느 시점에서 그 투자 효과가 나타나지 않을 때에는 투자가 철수되거나 중단된다.

여기서 잠깐

☞ **시장 성장률**은 전체 경제성장률을 기준으로 고–저를 구분하는 방법을 사용하는 데 이때 사용하는 기준 성장률은 분석자의 자의적 판단이 작용된다. 최근의 우리나라의 성장률(2015~2018년: 연 2~4%)이 3%대 내외에서 형성되고 있으므로 국내에서는 5% 수치를 적용해도 무방할 것 같다.

즉, 5% 이상 성장하는 시장은 고성장 시장, 5%에 미치지 못하는 시장은 저성장 시장이라고 볼 수 있다. 성장률이 높은 시기, 즉, 사업 수명주기의 성장기에는 점유율을 높일 수 있고 이를 위해서는 지속적인 자원 투입이 필요하다.

☞ **상대적 시장 점유율**은 경쟁사 중 가장 시장 점유율이 높은 기업에 대한 자사의 시장 점유율 비율을 의미한다. 예를 들어 A사업의 시장 점유율이 30%이고 가장 큰 경쟁사의 시장 점유율이 15%인 경우 A사업의 상대적 시장 점유율은 2.0이 되는 것이다. 시장 점유율이 높을수록 누적 경험 효과나 규모의 경제를 활용하는 것이 가능하고 낮은 자원 투입으로 지위와 수익이 확보될 수 있는 유리한 위치를 나타내는 지표이다.

– **규모의 경제**: 생산량의 증가나 기업의 규모가 커짐에 따라 나타나는 제품 원가상의 우위를 말한다. 이의 발생 원인은 규모가 커짐에 따라 고정비의 분산 효과가 나타남으로 설명되고 있다. 규모의 경제는 생산뿐만 아니라 구매, 마케팅, 유통 등 대부분의 경영 활동에서 나타난다. 기존 기업들이 규모의 경제를 가지게 되면 이는 다른 경쟁자들의 시장 진입을 억제하는 역할을 하게 된다.

– **경험 곡선 효과**: 누적 생산량이 두 배로 증가할 때마다 제품의 단위당 생산 원가가 20~30%의 비율로 규칙적으로 감소하는 현상을 말한다.

경험 곡선 효과가 발생하는 원인으로는 1) 학습으로 인한 효율성, 생산성 증대 및 향상 2) 기술 향상 3) 제품 재설계 4) 규모의 경제 등을 들 수 있다.

■ BCG 매트릭스 사업 부문별 전략 내용

● 현금 젖소(Cash Cow)

- 젖소의 젖을 짜면 우유가 계속 나오는 것과 같음.
- 제품 또는 사업의 성장률은 낮지만 시장 점유율은 큼.
- 안정적인 이윤을 계속 창출하므로 경영 전략상 가장 유리함.
- 성장 속도가 느려서 자금 수요는 크지 않는 반면 시장 점유율이 커서 꾸준히 이익이 창출되는 영역

● 스타(Star)

- 시장 점유율과 성장률이 모두 높아서 떠오르는 별과 같은 가능성을 갖고 있음.
- 지속적인 투자가 요구되므로 경쟁력 있는 경영전략을 바탕으로 현금 젖소로의 전환이 요구됨.
- 기술 개발, 생산 시설 확충, 시장 개척 등 계속적인 유동 자금이 필요함.

● 물음표(Question Mark)

- 시장 성장률은 크지만 시장 점유율이 높지 않음.
- 시장 성장률이 높기 때문에 투자 가치는 있으나 낮은 시장 점유율로 인해서 장래가 불투명한 영역
- 노력의 여하에 따라 Star 또는 Dog 사업으로의 전환이 가능함.

● 개(Dog)

- 시장 성장률과 점유율이 모두 낮기 때문에 큰 장래성이 없음.
- 장래성이 더 이상 없으므로 이러한 제품이나 사업은 투자 대상에서 제외 또는 철수해야 함.

사업유형	전략 방향	수익성	투자 필요성	특성
Star	성장 추구	높음. 성장 추세	높음.	– 경쟁우위로 수익성, 현금 창출력있으나 지속적 투자 소요 – 시의 적절한 투자로 성장성 유지, 장래 Cash Cow로 육성
Cash Cow	현상 유지	높음. 안정적	낮음.	– 수익성 높고 현금 유입이 우수함. – 회사 전체의 자금줄 기능 – 투자는 점유율 유지에 필요한 수준만 유지함.
Question Mark	성장 추구 또는 철수	낮음. 성장 가능성	높음. 또는 투자 회수	– 성장성 높으나 경쟁 열세로 수익성 낮음. – 집중 투자하여 Star로 키우거나 과감하게 퇴출해야 함.
Dog	철수	낮음.	회수	– 수익성, 현금흐름 저조로 장래성이 없는 사업 – 철저한 원가 관리 또는 신속히 퇴출해야 함.

〈BCG 사업 부문별 자금의 흐름〉

➡ 자금의 흐름 및 크기

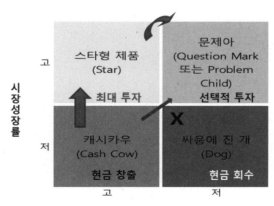

여기서 잠깐 ✋

BCG 매트릭스는 기업 전략을 세우는데 포인트를 잡을 수 있도록 큰 기여를 하였고 가치 있는 경영전략 도구를 제공하였다. 그 도구들은 세 가지 측면에서 획기적인 내용을 선물하였다.

▶ 시간: 미래를 예측할 수 있다. (경험 곡선, 지속 가능한 성공)
▶ 경쟁: 경쟁력이나 경쟁 상태를 분석할 수 있다. (경험 곡선, 사업 포트폴리오)
▶ 자원 배분: 사업간에 자원을 배분할 수 있다. (사업부 제도)

이 분석 개념은 기업의 최고 경영진이 경영 의사결정을 하는 원칙을 세우는 데 큰 힘을 주었다. 기업 전략뿐만 아니라 사업 전략에 대한 고민에도 해답을 제시했고, 기능별(마케팅, 생산, 재무 등) 전략에 대해서도 종합적인 시각을 주는 데 큰 통찰력을 제공하였다.

■ GE 매트릭스

GE 매트릭스는 사업 포트폴리오를 설명하기 위하여 산업 매력도 요인과 사업 강점 요인이라는 두 가지 축을 사용하여 각각을 구성하는 여러 가지 요소들을 평가하여 고-중-저의 세 가지로 분류하여 9개의 분면으로 구성된 매트릭스를 이용한다.

산업 매력도를 구성하는 요소는 시장 성장률, 시장 규모, 수익률, 투자 강도, 기술 안정성, 정부 정책, 기타 규제 요인과 같은 요소들을 포괄하는 개념이다.

사업 강점은 시장 점유율, 기술상의 강점, 품질, 가격, 생산성, 경영 능력 등과 같은 다양한 요소들을 포괄적으로 반영한다.

이들 요소들에 대한 평가는 분석자가 요인별 가중치와 매력도를 주관적 판단에 의해 산업 매력지수와 기업 강점지수를 산출하여 고-중-저의 분류 기준을 설정하고 각 사업 단위를 평가하여 매트릭스 위에 나타낸다.

사업 강점

		강 함	중 간	약 함
산업 매력도	고	- 성장을 통한 시장지배 추구 - 투자 극대화 **적극적 투자**	- 약점 보완과 강점의 적극적 개발 - 시장세분화를 통해 목표시장에 대한 시장지배 기회의 모색 **도전적 투자**	틈새 시장의 탐색과 전문화 - 타 기업의 인수 검토(약점 보완) **진출 기회 탐색**
	중	- 현재 시장지위의 유지 - 선택적으로 투자처 모색 **선택적 투자**	- 전문화 - 약점 보완, 대책 마련 **혁신 방안 검토**	- 전문화 - 틈새 시장의 탐색 - 철수 고려 **구조조정/합리화**
	저	- 현재 시장지위의 유지 - 현금 창출 추구 - 현상유지 수준의 투자 **현상 유지**	- 사업축소 - 투자 최소화 - 사업철수의 준비 **사업 감량/투자 회수**	- 적절한 타이밍에 사업 철수 **사업 철수**

■ 가치 사슬 분석

　가치 사슬 분석은 고객에게 제품을 공급하기 위하여 기업이 수행하는 일련의 활동을 규명하고 제반 활동들 간의 상호 작용을 체계적으로 파악함으로써 경쟁 우위의 원천을 알 수 있게 하는 기업 내부 능력의 분석 도구이다. 가치 사슬(Value chain)은 사업 활동을 기능별로 분해해 어느 부분(기능)에서 부가가치가 창출되고 있으며, 어떤 부분이 강점이고 약점인지를 분석하여 사업전략의 유효성과 개선 방향을 찾아 줄 수 있게 해준다.

● 가치 사슬 분석 방법의 2가지 목적은 **비용 우위를 확보하기 위한 기회 파악**과 **제품/서비스의 차별화 속성을 창조할 수 있는 기회를 파악**하는 것이다. 이를 위해서 기업의 활동을 제품의 흐름에 직접적으로 관련되는 활동인 본원적 활동과 그것을 지원하는 활동을 지원 활동으로 나누고, 각 활동의 역할, 그 활동을 수행하는 데 드는 비용, 기업 전체의 사업에 대한 공헌도를 파악하는 분석 활동을 하게 된다. 분석 결과에 따라 저비용 또는 차별화로 경쟁하려 할 때의 그 수단을 도출할 수 있게 된다.

● 가치 사슬 분석은 기업의 원재료 조달에서 제품 생산, 판매 및 서비스까지의 전 과정을 하나의 가치를 생성하는 사슬로 묶어 고객에게 최대의 가치를 전달하려는 수단으로 자주 사용된다.

　가치 사슬을 이용해서 업계를 분석하다 보면 업계나 시장별로 **경쟁을 유리하게 이끄는 요소**가 다르다는 사실을 알 수 있고 **성공 요인을 발견**하는 데 도움이 된다.

현장 적용 🔍

  가치 사슬 분석은 사업의 성공 요인을 분석하고 정리하는 데 매우 탁월한 분석 방법이다. 기업 전체의 비즈니스 프로세스 활동 내용에 대한 파악, 비용 배분, 핵심 제공 가치 결정, 속도/효율 측면의 최적 운영 여부를 판단하는 데 도움이 된다. 구체적으로 기업이 저비용 혹은 차별화로 경쟁하려 할 때, 그 수단을 도출하는 데 이용된다.

  예를 들어 비용 측면에서 경쟁을 지향하는 경우 고객에게 기존의 효익을 제공하면서 가치 사슬의 어느 부분에서 비용을 삭감할 수 있는지 모색해야 하고, 부가가치 측면에서 경쟁을 지향한다면 어떤 가치 사슬의 활동에서 생산성을 높이고 가치를 새롭게 높일 수 있느냐가 관건이 될 것이다.

  각 활동 단계에서 가치 창출과 관련된 핵심 활동을 밝혀내고 단계별 활동들의 강약점 및 차별화 요인을 추출하여 단계별 활동 동인을 분석하여 실행 방안을 마련하고자 할 때 가치 사슬 분석은 많은 통찰력을 제공해 준다.

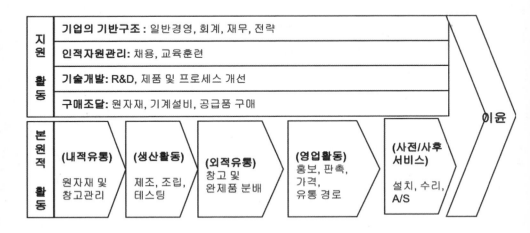

지원 활동	**기업의 기반구조 :** 일반경영, 회계, 재무, 전략
	인적자원관리 : 채용, 교육훈련
	기술개발 : R&D, 제품 및 프로세스 개선
	구매조달 : 원자재, 기계설비, 공급품 구매

본원적 활동:
- **(내적유통)** 원자재 및 창고관리
- **(생산활동)** 제조, 조립, 테스팅
- **(외적유통)** 창고 및 완제품 분배
- **(영업활동)** 홍보, 판촉, 가격, 유통 경로
- **(사전/사후 서비스)** 설치, 수리, A/S

이윤

〈가치사슬의 활동별 부가가치 창출 내용〉

경쟁우위 창출의 중요한 원천이며 전체 가치사슬 활동을 지원하는 활동.

모든 활동 노하우는 매뉴얼에 있지 않고 사람의 손끝에 있음.

특색있고 차별화된 경쟁우위 제품의 신속한 개발지향.

제품/서비스의 질적 목표 설정.

지원 활동

기업의 기반구조 : 경영기획, 회계, 재무, MIS

인적자원관리 : 채용, 교육훈련

기술개발 : R&D, 제품/공정 개선, 특허

제품설계 : 기능, 물리적 특성, 디자인, 품질

이윤

본원적 활동

물류투입	**생산/운영**	**출고**	**마케팅/판매**	**사전/사후 서비스**
원자재 / 재고관리	기계작업, 제조, 조립, 포장, 검사, 설비운영	창고 보관 주문처리 완제품 유통	홍보, 판촉, 가격결정 유통 경로	설치, 수리, A/S
·재료 품질수준 유지	·생산성 향상 ·불량률 감소	· 신속한 물류체계	·제품 포지셔닝 관리 ·브랜드 인지도 제고	·고객/기술 지원

■ 비즈니스 시스템 분석

비즈니스 시스템은 제공하고자 하는 제품이나 서비스가 고객에게 도달할 때까지 기업 내에서 작용하며 가치가 발생되는 주요 기능들을 순차적으로 연결하여 표현한 내부 역량 분석 도구이다. 이 프레임에 의거 경쟁사와 비교하여 강점, 약점을 비교하면 **경쟁 우위 요인과 보완해야 할 핵심 역량**을 과제별로 발견할 수 있다.

경쟁사								
자사								

	구매	개발	생산	관리	마케팅	판매	물류	서비스
성공요인	- 원료확보 - 시장가격 대응력 - 가격협상 교섭력	- 디자인 - 설계 - 기능 - 물리적 특성 - 특허/기술	- 생산원가 - 생산입지 - 품질관리 - 부품조달 - 조립능력 - 생산 공정	- 재무능력 - 인력개발 - 일정관리 - 기획 역량	- 광고/홍보 - 가격 설정 - 브랜드 - 포장 - 상표인지도 - 포지셔닝	- 방문활동 - 영업직원 역량 - 판매망	- 신속성 - 배송체계 -재고 /수송	- 클레임 처리 - 정기 점검 - 품질 보증 - 서비스 속도 - **24시간 체제**
업종	- 석유화학 - 귀금속	- 제약 - 항공기	- 반도체 - 조선	- 금융회사 - 광고회사	- 화장품 - 여행사	- 보험 - 식품	- 편의점 - 사무용품	- 정수기 - 보안회사

■ 7'S 조직 역량 분석

7'S 조직 역량 분석 기법은 기업의 경쟁력은 일곱 가지의 핵심 요소에 의해서 영향을 받는다는 전제하에서 이들 요소들의 경쟁력을 평가하는 방법이다. 이 분석 기법은 탁월한 기업에 관해 기술한 책『초우량 기업의 조건』의 저자 톰 피터스와 워터맨이 이 책에 소개하여 널리 알려졌는데, 조직을 향상시키고 싶을 때 무엇부터 손을 대야하는지를 생각하는 데 많은 도움을 주는 모델이다.

● 7가지 S로 시작되는 요소는 Hard S와 Soft S로 크게 구분할 수 있다.
  - Hard S: 전략(Strategy), 시스템(System), 조직 구조(Structure)
  - Soft S: 인적자원(Staffs), 스타일(Style), 관리 능력(Skill), 공유 가치(Shared Value)

7'S 기법의 분석 수행 절차는 '전략 분석 → 공유 가치 분석 → 관리 능력 분석 → 조직 구조 분석 → 시스템(제도) 분석 → 인적자원 분석 → 스타일(리더십) 분석' 순으로 진행된다.

☞ 전략(Strategy): 외부 환경의 변화에 대응하는 행동인 기업 전략의 특성과 장점
☞ 공유 가치(Shared Value): 구성원들이 공유하고 있는 조직 문화의 특성과 강점
☞ 관리 능력(Skill): 전체로서의 조직이 가지고 있는 핵심 역량
☞ 조직 구조(Structure): 책임과 동기부여, 의사결정 방법, 커뮤니케이션의 흐름

☞ 시스템(System): 일상 업무 수행 시 조직이 운영되는 일련의 절차
예) 교육 시스템, 예산 처리 시스템
☞ 인적자원(Staffs): 조직 구성원의 업무수행 능력 수준
☞ 스타일(Style): 기업을 이끌어가는 경영 방식으로서 리더십 유형
예) 인사관리의 삼성, 인화의 LG

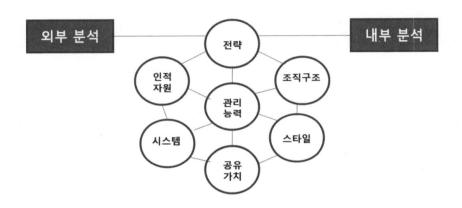

이들 7'S 요소는 각기 따로 작용하는 것이 아니라 모두 같이 연계하여 움직인다. 즉, 한 가지 요소에 변화를 주면 바로 다른 요소에도 영향을 미치게 된다는 점을 주의해야 한다. 그리고 눈 여겨 보아야 할 대목은 최고의 기업들은 하드웨어적인 경영 요소뿐만 아니라 가치, 역량, 문화, 스타일, 인적자원 등과 같은 소프트웨어적인 요소에도 커다란 열정을 가지고 정성을 기울이고 있다는 점이다.

7'S 모델은 단순하고 실용적이며 논리에 모순이 없다. 또한 기업 상태를 조사하기 위한 매우 훌륭한 분석 도구가 된다. 이 모델의 강점은 하드웨어적인 경영 요소들을 관찰할 수 있을 뿐만 아니라 소프트웨어적인 요소들에 대한 총체적 시각도 보장해 준다.

구조조정, 전략 변경의 시기에는 많은 경영자들이 전략, 구조, 시스템 등과 같은 하드웨어적인 'S'에만 집중한다. 그러나 실제 사례에 의하면 성공한 기업일수록 경영의 소프트웨어적인 측면을 중요시하는 것으로 조사되었다.

최고의 기업들은 가치, 역량, 문화, 스타일, 인적자원 등과 같은 요소에 큰 열정을 가지고 관심을 기울인다. 구성원들이 기업의 변화, 개혁, 혁신 등을 수용하여 성공적인 결과를 이루기 위해서는 이러한 소프트웨어적인 경영 요소를 먼저 이해하고 받아들이는 과정이 필요한 것이다.

이는 거대 기업들이 합병을 성사시켜 하드웨어적인 측면의 통합은 성공적이었지만 소프트웨어적인 측면의 융합은 쉽지가 않은 관계로 합병 자체가 실패로 돌아간 사례를 통해 익히 이해할 수 있는 내용이다.

SWOT 분석

■ SWOT 분석은 기업 내부의 자원, 역량 분석을 통하여 도출된 강점 (strengths)과 약점(weaknesses)을 외부 환경 분석을 통해 확인된 기회 (opportunities)와 위협(threats) 요인 결과를 결합시켜 4개의 전략 방향을 설정하는 방법이다. 본 분석은 외부 환경이 가져다주는 기회와 기업의 강점은 최대한 활용하면서 환경의 위협과 기업의 약점은 최소화하는 것이라는 전제에 그 바탕을 두고 있다. 이러한 전제는 성공적인 전략 대안의 개발에 유용한 지침을 제공해 준다.

강점과 약점은 주로 상황이나 의사결정 문제의 내적인 요소들이다. 강점은 가용 자원, 구성원의 능력, 조직의 전문성 등이며 약점은 기회를 획득, 활용하는 데에 제약이 되는 요인들이다. 기회와 위협은 주어진 상황에서의 외적인 영향 요인들로서 기회는 목표 달성에 도움이 되는 외적인 요인이고 위협은 목표 달성에 방해가 되는 외부의 요소를 가리킨다.

일반적으로 기회와 위협을 먼저 검토하고 강점과 약점을 두 외부 요인과의 관계 속에서 검토, 분석한다. 강점, 약점은 상대적인 개념으로서 외부 환경과의 관계 속에서 그 성격이 결정되어진다고 할 수 있다.

기회 – 위협 분석에 있어서는 현실을 직시할 수 있는 안목이 필요하고 강점–약점 분석에 있어서는 막연한 희망이나 지나친 자신감은 위험해 질 수 있다. 즉, 현재의 강점이 약점이 될 수 있고 약점이 강점이 될 수 있으며, 기회가 위협이 되고 위협이 기회가 될 수 있으므로 상황의 변화를 자신에게 유리하게 활용할 수 있는 발상의 전환을 모색하여야 한다.

내부 요인 외부 요인	강점(S : strengths)	약점(W : weaknesses)
기회 (O : opportunities)	기회 활용을 위해 강점을 사용함 (적극 공세). SO 전략 : 기회 적극 활용 전략	기회 활용을 위해 약점을 보완함 (약점 강화). WO 전략 : 약점 보강 전략
위협 (T : threats)	위협을 극복하기 위해 강점을 사용함(차별화). ST 전략 : 위협 극복 전략	위협을 극복하기 위해 안정성을 추구함(방어/철수). WT 전략 : 위협 최소화 전략

● SO 전략: 기회의 이점을 얻기 위해 강점을 활용할 수 있는 상황으로 가장 이상적인 전략 대안이다. 성공적인 전략은 기업의 능력을 가장 유리한 기회 상황에 발휘할 때이다.
[기회 적극 활용 전략, 우선 실행 과제 추진]

● ST 전략: 위협을 극복하기 위하여 강점을 적극 사용하는 전략이다.
[위협 극복 전략, 역량 보완 과제 추진]

● WO 전략: 기회는 많으나 약점이 있는 기업의 상황에서 외부역량을 활용하고 기회 이점을 살리는 전략
[약점 보강 전략, 역량 보완 과제 추진]

● WT 전략: 약점을 지닌 기업이 위협에 직면한 상황으로 위협을 무시하거나 최대한 직면하지 않도록 한다.
[위협 최소화 전략, 위험 최소화 과제 추진]

■ **기회/위협 요인, 강점/약점의 표현 사례**

● 기회 요인: 사건, 시간 및 장소의 융합이 기업에게 유리한 편익을 줄 것으로 보이는 환경을 말한다.

● 위협 요인: 기업에 중대한 손상을 줄 수 있고 성과 창출에 심각하게 방해할 수 있는 환경을 말한다.

● 내부 강점: 경쟁자에 비해 우위를 점하게 되는 기업이 지닌 특수한 능력이나 속성을 말한다.

● 내부 약점: 경쟁자에 비해 자체의 능력을 감소시키는 기업의 속성을 말한다.

〈뷰티 제조업체의 SWOT 분석 사례〉

기회(O : opportunities)	위협(T : threats)
– 새로운 시장에 진출, 제품 개발 성공, 경제성장, 원자재 확보 – 고객의 취향 적중, 우호적 여론 형성, 인허가 제약 해결	– 새로운 경쟁자 진입, 제품 생산 원가 증대, 원자재 부족, 경제 침체 – 기술의 급격한 변화, 불리한 법률/제도, 고객의 다양한 요구

강점 (S : strengths)	약점 (W : weaknesses)
– 독특한 능력, 경쟁 우위 요소, 강력한 브랜드 보유, 혁신력 – 견실한 재무 능력, 독점적 기술 확보, 충성도 높은 고객층	– 진부한 제품, 낡은 설비/시설, 낮은 시장 점유율, 부족한 현금 흐름 – 낮은 제품 개발 능력, 마케팅 능력 부재, 낮은 생산성

3C 분석

3C 분석은 자사, 경쟁사, 시장 고객에 대한 이해와 분석을 바탕으로 **고객에게 경쟁사보다 우월한 가치를 제공함으로써 경쟁 우위를 확보**하기 위한 분석 도구이다.

3C는 고객(Customer), 경쟁사(Competitor), 자사(Company)를 의미한다. 이 3개의 C에 Channel(유통경로)를 추가하여 4C 분석이라고 하는 경우도 있는데, 도매상이나 대리점, 온라인 쇼핑몰과 같이 유통 채널 구조에 관한 분석이 중요한 의미를 갖는 업계의 경우에는 4C의 프레임으로 비즈니스 환경을 분석하기도 한다.

고객(시장) 분석과 경쟁사 분석은 외부 분석에 속하며 자사 분석은 내부 분석에 해당되는데, 3C분석은 사업에 결정적인 영향을 미치는 세 가지 요인을 동시에 고려하여 고객으로 대표되는 시장에서 자사와 경쟁사 간의 경쟁 구도를 파악함으로써 **선택, 차별화, 집중에 의해 역동적이고 구체적인 사업 전략을 제시**할 수 있게 해준다. 어느 요인에 중점을 두고 전략을 구상하느냐에 따라 그 내용이 조금씩 달라질 수 있지만 기업이 지속적인 경쟁력을 가지고 사업을 영위하려면 세 가지 핵심 요소를 관심 영역에서 벗어나지 않게 해야 한다.

우수기업들의 기획 부서에는 소수의 전략 기획가가 배치되어 비즈니스를 큰 틀에서 집중적으로 볼 수 있도록 광범위한 정보 역량을 갖추고 있다. 이 부서에서는 경쟁사들의 전략 방향, 시장 트렌드의 전개 방향, 계속 변하는 고객의 욕구 등을 주시하고 있는 것이다.

● 고객(customer)

고객은 기업에게 매출을 가져다준다. 따라서 목표 고객층을 정의하고 그 고객의 니즈를 명확히 파악하는 것은 우선적으로 진행해야 할 과제이다.

소비자 중심 전략

고객은 모든 비즈니스 활동의 기반이다. 또한 모든 전략적 사고의 중심이다. 성공한 경영은 언제나 고객의 이해를 다른 어떤 것에 대한 이해보다 우위에 두었다. 이러한 태도만이 비즈니스의 장기적이고 지속적인 성공을 보장한다. 경쟁에서 특히 중요한 것은 고객 및 시장을 일정한 기준에 따라 분류하고 자사가 집중해야 할 고객층을 선택하는 것이다. 그래야만 비즈니스와 시장에 경쟁사와는 '차별적으로' 접근할 수 있게 된다(STP 분석을 통해 진행할 수 있음).

 - 현재와 향후의 시장 동향은 어떠할 것인가?
 - 목표로 하는 시장의 고객 니즈는 무엇인가?
 - 잠재 고객은 누구인가?
 - 자사 입장에서 사업 기회는 어떠한가?

● 경쟁사(competitor)

경쟁사에 대비하여 고객의 마인드에 자사의 위치가 어떻게 형성되고 있는가를 확인하기 위하여 경쟁사가 추구하는 활동과 형성된 위치를 분석한다.

경쟁 중심 전략

이 전략은 경쟁사들과의 차별화를 강화하는 것이다. 경쟁 전략에서는 차별화와 특별함을 추구한다. 구체적으로 구매, 디자인, 설계부터 마케팅, 서비스 체계까지 이르는 기능상 차이점의 원인을 살펴봄으로써 경쟁사와의 차별화를 이루는 것이다(비즈니스시스템 분석을 통해 얻을 수 있음).

　– 누가 시장 선도자이고 그 요인은 무엇인가?

　– 앞으로의 경쟁 상대로 누가 예상되는가?

　– 현재 경쟁사의 장점과 약점은 무엇인가?

● 자사(company)

회사 내부의 조직 기능들을 분석하는 것으로서 대상은 최고 경영층, 재무, R&D, 구매, 제조 생산, 인사, 정보 시스템 등 다양하다. 이러한 기능이 '고객 중심'으로 잘 구성되고 조정되어 높은 가치와 만족을 제공하고 있는 지를 분석한다.

　기업 중심 전략

기업 중심 전략은 최소한 한 분야 이상에서 경쟁 우위를 확보하기 위해서 기업의 능력, 역량 및 강점을 지속적으로 구축해가는 것을 목표로 한다. 기업이 시장에서 성공을 거두기 위해서 모든 분야에서 선두 지위에 있을 필요는 없다. 다만 특정한 분야에서는 탁월한 우위 요소를 가지고 있어야 한다(내부 역량 분석을 통해 얻음).

　– 자사의 현재 위치는 어디인가?

　– 자사의 향후 목표는 무엇인가?

　– 자사의 강점과 약점은 무엇인가?

　– 자사의 강점을 살릴 사업 기회는 무엇인가?

3C 전략과 선택 / 차별화 / 집중

1. 고객층 모두를 대응할 수는 없다.

        ☞ 어떤 고객의 니즈를 선택할 것인가? (니즈의 선택)

2. 경쟁사와 같은 방법으로 시장에서 경쟁하면 고객에게 인지되지 못한 다.

        ☞ 어떻게 차별화할 것인가? (차별화 결정)

3. 자사의 자원(사람, 자금, 설비)에는 제약이 있다.

        ☞ 어디에 자원을 집중할 것인가? (자원의 집중)

거시 환경 분석을 통해 소비자에 대한 정보를 파악하고 산업 환경 분석을 통해 경쟁자에 대한 정보를 파악하며, 자사 역량 분석을 통해 자사의 핵심 역량을 파악한 다음 이를 종합한 분석 결과물이 3C 분석이다.

고객 분석의 주요 분석 요소는 시장의 영역과 규모, 고객의 특성과 욕구 변화 그리고 수요의 크기와 동질성 여부, 변화 정도 등이 포함된다.

경쟁사 분석의 주요 요소는 경쟁의 강도와 룰, 경쟁사별 시장 점유율과 경쟁사의 전략, 기타 시장 선도 업체의 특징과 성공 요인 등이 있다.

자사 분석의 주요 요소로는 자사의 경영 자원과 핵심 역량, 강점과 약점, 전략의 적합성과 핵심 성공 요인, 지속적 경쟁 우위 역량 등을 들 수 있다.

3C	분석 요소	평가 기준
고객 (Customer)	시장 영역, 시장 규모 고객 특성, 고객 욕구 수요의 동질성과 변화 정도	시장의 영역과 규모는 적정한가? 고객의 욕구는 단일하고 일정한가? 수요와 시장의 미래는 안정적인가?
경쟁사 (Competitor)	경쟁사의 숫자와 시장 점유율 경쟁의 룰, 경쟁사의 전략 시장 선도자의 특징 선도 기업의 성공 요인	산업의 매력은 충분히 높은가? 성장 가능성이 높은 산업인가? 잠재적 경쟁자의 출현은 위협적인가? 대체재의 출현 가능성은 없는가?
자사 (Company)	기업 전략, 경영 자원 핵심 역량, 강점과 약점	경영 자원은 사업 수행에 충분한가? 상대적 핵심 역량은 무엇인가? 지속 가능한 경쟁 우위는 무엇인가?

위와 같이 고객, 경쟁사, 자사의 특징과 상대적 역량을 파악했으면 이를 통해 사업 기회를 포착할 수 있고, 사업 기회가 포착되었으면 거기에 걸맞는 사업 목표를 수립해야 한다.

경영전략의 분류

■ 경영전략은 내용의 범위 측면으로 보아 **기업 전략(전사 전략), 사업 전략(경쟁 전략), 기능별 전략(부서 전략)**으로 그 유형을 나눌 수 있다. 이 중에서 특히 기업 전략은 전사적 전략 또는 조직 전략이라는 차원에서 논의되며 기업 전략의 핵심은 사업 진출 여부를 결정하는 일이다. 즉, 기업 전략은 기업 전체가 직면하는 기회와 위협을 파악하여 경영 목표를 설정하고 사업 활동의 범위를 결정한다.

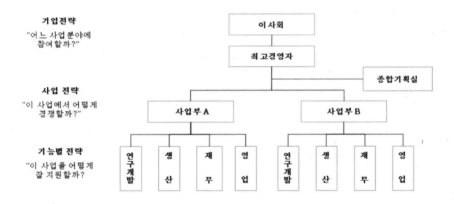

● 전사 전략(corporate strategy): 기업 전략, 영역 선택 전략

기업 전체의 차원에서 **사업의 범위를 정하고 보유한 자원을 어떻게 배치할 것인지** 등을 결정하는 전략이다.

즉, "어떤 사업을 해야 할 것인가?"하는 문제와 "여러 사업 분야를 전체적인 관점에서 어떻게 효과적으로 관리할 것인가?"하는 문제를 다룬다. 따라서 기업 전략은 기업의 사업 영역을 선택하고 여러 사업 부문들을 효과적으로 관리하기 위한 전략이다.

● 사업 전략(business strategy): 경쟁 전략, 영역 항해 전략

　사업 전략은 특정 산업이나 제품 및 목표 시장에서 어떻게 경쟁할 것인가에 초점을 맞추게 된다. 따라서 사업 전략은 사업 부문의 경쟁 전략이라는 관점에서 논의되며, 중요한 포인트는 사업 부문만의 차별화된 능력과 경쟁 우위의 확보에 있다.

　즉, "특정 사업 영역 내에서 경쟁 우위를 확보하고 이를 지속적으로 유지하기 위해 어떻게 효과적으로 경쟁해 나갈 것인가?"하는 문제에 관한 전략이다. 특정 시장에서 경쟁하기 위한 최적의 방법에 초점을 맞추기 위한 전략으로 제품이나 서비스 제공상의 경쟁적 우위를 확보하기 위한 방법을 인식하는데 목표를 두어 [경쟁 전략]이라고도 한다.

　예) 원가 우위 전략, 차별화 우위 전략, 집중화 전략

● 기능별 전략(functional strategy)

　기능별 전략은 생산, 마케팅, 재무, 인사 등의 운영 기능에 관한 부문별 운영 전략이며 각 기능 부문별 자원 활용 생산성의 극대화를 이루는 것에 중심이 맞춰져 있다. 생산, 재무, 인적자원 개발, 마케팅 등의 부문과 관련된 기업 조직 내의 기능적 영역에서 개발되는 전략을 말한다. 예컨대, 자사의 공장을 이용하여 부품이나 반제품을 생산하도록 하기 위한 생산 부문의 전략 등이 이에 해당한다.

　기능별 전략은 상위의 사업 전략으로부터 도출되며 상위의 전략을 효과적으로 실행하기 위한 수단으로서의 역할을 한다는 점에서 전략의 실행과 밀접한 관계가 있다.

　예) 마케팅 전략, 연구개발 추진 전략, 생산 효율화 전략, 인재 개발 전략,
　　　재무 운용 전략

전사(기업) 전략

　전사 전략은 기업 전체의 차원에서 **사업의 범위를 정하고 보유한 자원을 어떻게 배치할 것인지** 등을 결정하는 전략이다. 즉, "어떤 사업을 해야 할 것인가?"하는 문제와 "여러 사업 분야를 전체적인 관점에서 어떻게 효과적으로 관리할 것인가?"하는 문제를 다룬다.

　따라서 기업 전략은 기업의 사업 영역을 선택하고 여러 사업 부문들을 효과적으로 관리하기 위한 전략이다. 사업 영역과 관련된 분석 도구로는 제품/시장 성장 매트릭스가 매우 유용하게 사용될 수 있다.

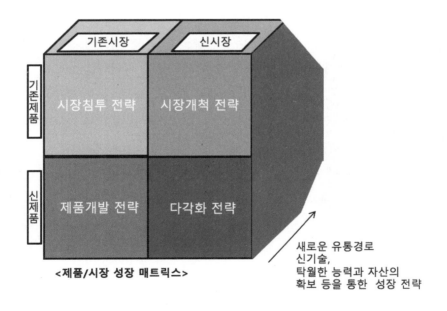

<제품/시장 성장 매트릭스>

새로운 유통경로
신기술,
탁월한 능력과 자산의
확보 등을 통한 성장 전략

● **시장 침투 전략**: 기존의 제품 시장은 일반적으로 접근하기 쉬운 매력적인 성장 기회를 제공해 준다.

▶ 시장 점유율 제고

: 성장을 위한 가장 분명한 방법은 기존 시장에서 시장 점유율을 향상시키는 일이다. 점유율 제고는 광고, 판촉, 가격 할인, 거래 혜택 등과 같은 마케팅 수단에 근거하여 일정 부분 이루어 질 수 있다. 그러나 지속적 경쟁 우위를 유지하고자 하는 데는 이러한 방법들은 한계가 있으므로 경영 자원이나 탁월한 능력을 개발하는 것에 주력해야 한다. 한편으로 경쟁 업체의 경쟁 우위 요소를 주시하며 벤치마킹을 하는 등 적극적인 대처를 진행해야 한다.

▶ 제품 사용율 제고

: 시장 점유율을 제고시키려는 시도는 경쟁 업체의 즉각적인 경계심을 불러 일으킨다. 하지만 기존 고객들의 사용율을 증대시키려는 시도는 그렇지 않다. 제품 사용률 제고는 사용 빈도 및 사용량의 제고, 새로운 용도의 개발을 통해 구현할 수 있다.

● **제품 개발 전략**: 기존 시장에서의 한계를 극복하고자 할 때에는 보통 새로운 제품의 개발을 통해 이루어 진다. 제품 개발은 제품 특징의 추가, 제품 종류의 확대, 신세대 기술의 적용 등의 방법을 적용하여 시도해 볼 수 있다.

● **시장 개척 전략**: 시장 개척은 지리적 확장과 다른 세분 시장에로의 확장을 통해 이루어 질 수 있다. 이 전략의 실제 집행을 위해서는 다음과 같은 요인이 고려되어야 한다.

▶ 첫째, 새로운 시장과 기존 시장은 어떻게 다른가? 핵심 성공 요인, 경쟁의 성격, 유통 경로 및 고객의 습관이나 태도 등에 관심이 주어져야 한다.

▶ 둘째, 여건이 얼마나 다르며 다른 여건이나 사업을 조정할 수 있는 확실한 계획이나 복안이 있는가?

● **다각화 전략**: 기존 사업의 운영 기반을 떠나 별도 사업들을 외부에서 획득하거나(흡수/합병) 내부에서 새로 착수하는 것을 말한다. 이때 별도 사업들이 기존 사업과 관련이 있는 경우에는 각 사업의 강점과 약점을 서로 서로 보완함으로써 상승 효과를 낼 수 있다. 이를 **관련 다각화**라고 한다.

한편 기존 사업과의 연관성이 없더라도 재무적 상승 효과를 활용하여 사업의 수익성에만 관심을 갖고 진출하는 경우는 **비관련 다각화**라고 한다.

사업(경쟁) 전략

사업 전략(또는 경쟁 전략)은 상품 또는 시장과 관련이 있다. 이 전략의 관심은 특정한 목표 고객 혹은 시장 집단군에 대한 구체적인 사업이다. 여기에서는 경쟁 상황이 전략적 고려에 중요한 역할을 한다.

'어떤 사업을 할 것인가? 진출한 사업 영역에서 어떻게 다른 경쟁 업체에 대한 지속적인 경쟁 우위를 확보할 것인가? 어떻게 하면 우리 고객에게 최대한 높은 가치를 가진 제품과 서비스를 제공할 것인가?'에 대한 물음에 답을 해야하는 전략이 사업(경쟁) 전략이다.

경쟁 우위를 달성하기 위해서는 **5대 경쟁 세력**(5대 경쟁 요인: 생산자, 고객, 공급자, 대체재 생산자, 잠재적 진입자) 분석 프레임을 사용하여 업종의 수익성을 판단한 후 경영전략을 수립하게 되는데 그 전략 유형으로는 **차별화 전략, 원가(비용) 우위 전략, 집중화 전략** 등을 들 수 있다.

● **차별화 전략**이란 유니크한 상품으로 가격을 경쟁자들 보다 상대적으로 높게 받을 수 있는 능력을 우선시하는 전략이다. 즉, 고객에게 자사의 제품이 독특한 것으로 인식되도록 함으로써 경쟁 우위를 획득하는 것이다. 차별화 전략을 사용하는 기업들은 고객의 욕구나 행동을 주의 깊게 파악하고, 그들이 무엇에 가치를 두는지 면밀히 분석한다.

차별화 방법은 제품의 품질이나 기술 등과 같은 기술적 요인에 의한 기술 차별화와 상표, 광고, 고객 서비스 등과 같은 마케팅 활동에 의한 마케팅 차별화의 두 측면으로 대별될 수 있다.

☞ 성공적인 차별화는 다음과 같은 이점을 누릴 수 있다.

– 높은 제품, 서비스 가격의 설정

– 경쟁사보다 더 높은 시장 점유율의 확보

– 자사 상품에 대한 고객 충성도의 제고

여기서 잠깐

제품을 차별화시키는 방법은 다양하다. 디자인과 상표 이미지를 독특하게 하거나 우수 기술이나 제품 특성을 활용하거나, 고객서비스를 특이하게 하거나, 제품 탄생의 스토리 텔링이나 히스토리를 활용하여 기업의 명성이나 신뢰성을 높이거나, 원자재 조달의 차별성을 통해 기업은 제품을 차별화할 수 있다.

  ☞ **차별화 원천 요소**: 제품 품질, 제품 신뢰성, 제품 이미지, 제품 혁신성,
                상표, 부가 서비스

예를 들어 파스퇴르유업은 우유, 분유, 요구르트 등의 유제품 시장에서 제품 고급화와 독특한 광고 전략을 통해 차별화에 성공하여 신입 기업으로서 성공적으로 시장에 진입하였고 고가의 제품 판매를 통해 높은 수익성을 실현한 대표적인 성공 사례로 꼽히고 있다.

맥주 시장에 돌풍을 일으켰던 하이트맥주의 경우에도 '천연 암반수' 이미지 사용과 사용 원료의 차별성을 부각하여 제품 차별화에 성공한 사례이다.

● **원가(비용) 우위 전략**이란 경쟁자가 쉽게 모방할 수 없는 방법을 구사하여 경쟁사들보다 낮은 가격으로 경쟁하는 전략이다. 즉 원가 우위에 영향을 미치는 여러 가지 수단을 총동원하여 특정 산업에서의 원가 우위를 통해 경쟁 우위를 획득하려는 전략을 말한다. 원가 우위 전략은 시장점유

율을 높일 수 있고 경쟁 업체와 유사한 가격으로 제품을 공급하는 경우에는 원가가 낮기 때문에 더 높은 수익성을 누릴 수 있다.

☞ 기업의 원가 구조가 곧 기업의 시장에서의 원가 지위를 결정하고 구조적 요인이 원가 우위의 원천이 된다. 기업의 원가를 결정하게 하는 요인으로 다음과 같은 요인을 들 수 있다.

▶ **규모의 경제**: 생산 규모가 증대되면 단위당 원가가 하락되어 가격 경쟁력을 확보할 수 있다.

▶ **학습 효과**: 구성원들의 학습에 따라 원가가 감소하게 된다. 예를 들면, 반복 작업에 의한 숙련은 작업 소요 시간을 줄이고, 작업의 오류를 방지함으로써 제품 원가를 감소시키게 된다. 또한 설비 배치의 변경, 일정 계획의 개선, 제품 설계의 변경, 공정에 적합한 원자재 구매 등도 모두 학습 효과에 따라 원가를 낮출 수 있는 방법들이다.

▶ **설비 가동률**: 설비 가동률은 원가와 밀접한 관계가 있다. 특히 고정비가 클 경우 설비 가동률이 높아지게 되면 상대적으로 고정비의 비율이 낮아져 원가가 감소하게 되어 원가 우위의 위치에 서게 된다. 이는 서비스업이나 제조업 모든 분야에 있어서 적용되는 원가 우위의 원천 요소이다.

▶ **인터넷의 활용도**: 인터넷은 새로운 사업 기회를 제공하는 한편 기존의 오프라인 기업에 비해 매우 큰 비용 우위 요소를 제공하고 있다. 인터넷을 이용한 전자상거래 기업의 경우, 자신은 주문만 접수하여 처리할 뿐, 재고 부담이 전혀 없고 비싼 임대료 부담 없이 사무실 및 점포 유지가 가능하고 매출 확대에 따른 추가적인 직원 고용도 필요 없게 되었다. 최근의 경향은 인터넷의 활용도 여부가 원가 및 비용 우위를 확보하는 데 필수적인 요소로 자리잡고 있는 추세이다.

▶ **입지**: 기업이 소재하는 지리적 입지 조건이 원가에 영향을 미친다.

입지에 따라 구성원의 인건비, 원자재, 에너지 및 기타 요소들의 가격이 달라지며 원재료의 조달이나 제품 출고에 따른 물류 비용에도 큰 차이를 주게 된다. 특히 해외 직접 투자와 같은 국제화 전략의 결정에는 인건비 수준, 원자재 비용, 물류 비용의 측면이 입지 조건과 바로 연결되어 있음을 직시할 수 있다.

이외 투입 **원재료의 적기 공급, 생산 공정 및 디자인의 개선** 등이 원가(비용) 우위 전략을 펼치는데 중요한 원천 요소가 될 수 있다.

● 집중화 전략은 고객의 범위나 니즈에 제한을 두고 차별화 또는 비용 우위 전략을 구사하는 것으로서 특정 고객 집단이나 특정 제품 또는 지역적으로 제한된 시장만을 집중적인 목표로 삼는 것이다.

이 전략의 요체는 고객들이 독특한 욕구를 가지고 있는 시장에서의 '틈새 시장'을 선택하는 것이다. 집중화 전략은 기업의 규모가 작고 내부 능력에 한계가 있는 경우에 광범위한 영역에서 경쟁을 벌이는 것보다 좁은 시장을 중점적으로 공략하는 것이 보다 효과적이다.

집중화 전략을 추구하는 기업이나 사업부는 제품 시장 전체에 걸쳐서 경쟁을 시도하려고 하지 않는다. 이는 넓은 제품 시장에서 경쟁하기에는 자원과 내부 역량이 부족하기 때문에 필요한 만큼의 영향력을 창출할 수 있도록 특정 지역군이나 제품 시장군에만 힘을 모으는 것이다. 이 전략은 해당 사업의 핵심 성공 요인의 부족함을 극복할 수 있는 기회도 제공한다.

예를 들어 포장식품 산업에서 상표력과 유통력이 핵심 성공 요인이다. 하지만 이런 사업에서도 개별 상표(프라이빗 브랜드)를 이용한 집중화 전략이 성공할 수 있다. 이들 소규모 기업은 개별 상표에 의해서 주요 제조업체로부터 그들 자신을 방어할 수 있게 된다.

☞ 집중화 전략을 전개하는 방법으로는 다음과 같은 방법이 있다.

▶ **제품 계열 집중**: 제품 개발 비용이 부담이 되는 기업은 취급하는 제품 계열의 범위나 영역을 제한적으로 설정해서 특정 제품의 일부에만 집중하게 된다.

▶ **세분 시장 집중**: 유통 채널 확대나 고객 욕구의 다양성을 추적하기 곤란한 위치에 있는 기업은 특정 고객층이나 특정 지역에 한정해 기업 역량과 자원을 집중하는 방법이다. 이 전략이 성공하게 되면 점차적으로 고객층 확대 및 지역적 확대를 취하는 점-선-면 확대 전략을 구사하는 것이 효과적이다.

기능별 전략

    기능별 전략이란 일상의 사업 활동에 있어서 사업 전략을 추구하기 위하여 기능별로(마케팅, 재무, 생산, 연구개발) 구체적 방법들을 조직하고 계획화함으로써 사업 전략을 실제로 실행하기 위한 전략을 말한다. 그래서 모든 기능별 전략은 기업 전략 및 사업 전략에 일관되게 배열되어야 한다.

    기능별 전략에서는 사업 전략을 지원하고 자사의 목적 달성을 위하여 마케팅, 재무, 생산, 연구개발, 인사 기능에서 취하게 될 행동이 어떤 것들인가를 규명하고 그것을 조정하게 된다. 그래서 다른 말로 [실행 전략]이라고도 불린다.

● 마케팅 기능 전략의 수립

  : 마케팅 기능의 역할은 사업 목표를 달성할 목적으로 목표시장에서 제품/서비스를 수익성있게 판매하도록 하는 것이다. 마케팅 전략은 제품/서비스 판매와 관련하여 누가, 무엇을, 어떤 경로를 통해서, 언제, 얼마만큼, 어떻게 판매할 것인가에 대한 지침을 마련해 주어야 한다.

    그래서 마케팅 전략은 마케팅 믹스인 **제품(Product), 가격(Price), 유통(Place), 판매 촉진(Promotion)**의 4가지 전략적 구성 요소(마케팅 4P)를 고려해야 한다.

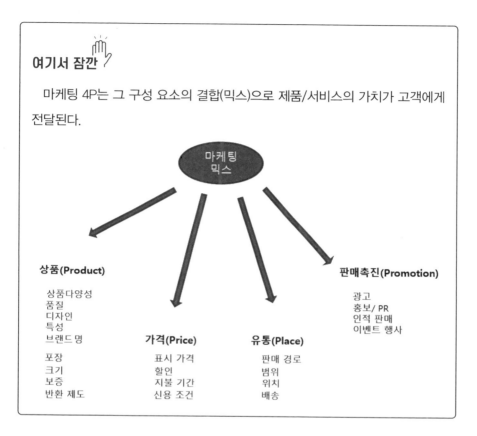

여기서 잠깐

마케팅 4P는 그 구성 요소의 결합(믹스)으로 제품/서비스의 가치가 고객에게 전달된다.

마케팅
믹스

상품(Product)

상품다양성
품질
디자인
특성
브랜드 명

포장
크기
보증
반환 제도

가격(Price)

표시 가격
할인
지불 기간
신용 조건

유통(Place)

판매 경로
범위
위치
배송

판매촉진(Promotion)

광고
홍보/ PR
인적 판매
이벤트 행사

☞ **4P 전략**: 마케팅 전략은 상품을 판매하고 고객을 얻고 브랜드를 정착시키며, 상품을 유통하고, 기업과 고객 사이의 의사소통을 원활하게 하는 등의 일을 목적으로 한다. 이러한 전략을 '4P 전략'이라고도 한다.

이 마케팅 전략은 1960년대에 하버드 대학 마케팅 교수가 창안하고 마케팅 전문가인 코틀러 교수가 '마케팅 믹스'로 집대성하여 오늘날 널리 활용되어 지고 있는 마케팅 개념이다.

▶ **제품 전략**: 제품 전략은 제품의 기능, 제품 차별화, 디자인, 품질 수준, 포장 형태, 상표, 서비스 고객 지원, 보증 등 고객을 위한 맞춤 서비스

를 어떻게 할 것인가에 대한 고민으로 귀결된다.

▶ **가격 전략**: 가격 전략은 품목별 가격, 할인율, 심리적 가격 설정, 가격 할인 행사, 소비자 신용 등 가격 결정에 대한 전략적인 의사결정을 내리는 것이다.

▶ **유통 전략**: 유통 전략은 '제품을 올바른 시간, 올바른 장소에 올바른 수량을 제공할 수 있는가?'에 대한 답이다. 여기에는 지역 선택, 대리점 선택, 물류, 판매 채널, 서비스 장소, 인터넷 사이트 등이 고려 대상에 해당된다.

▶ **판매 촉진 전략**: 광고, 홍보, 직접 판매 활동, 이벤트 행사, 인터넷 활용 등이 변수의 대상이다.

4P 개념은 고객의 관점이 아니라 시장의 판매자 관점에서 접근한 것이다. 각각의 4P는 고객의 관점에서 볼때 4C로 묘사할 수 있다.

4P	4C
제품 (Product) ⟶	고객 가치 (Customer value)
가격 (Price) ⟶	고객측의 비용 (Cost to the customer)
유통 (Place) ⟶	편리성 (Convenience)
판매 촉진 (Promotion) ⟶	커뮤니케이션 (Communication)

판매자는 상품을 판매한다고 생각하는 반면, 고객은 가치 또는 문제 해결책을 구매한다고 생각한다. 그리고 고객은 가격뿐 아니라 상품을 획득하고 사용하며 처분하는 총비용 전체에 관심을 가진다. 고객은 가능하면 편리하게 이용할 수 있는 상품과 서비스를 원한다. 결국 고객이 원하는 것은 일방적인 촉진이 아니라 쌍방향의 커뮤니케이션이다. 마케터는 먼저 고객의 4C를 잘 생각한 다음, 그 근거 위에서 4P를 구축해야 한다.

성공하기 위해서는 기업은 자기 기업을 경쟁 업체에 비해서 효과적인 위치에 있게 하고(포지셔닝), 보다 강력한 경쟁상의 우위를 제공하는 마케팅 전략을 개발하고 수립해야 한다. 어떤 전략이 가장 효과적인가 하는 것은 그 업계에서의 위치, 기업의 목적, 기회, 자원에 달려 있다. 기업의 마케팅 전략은 그 기업이 선도 기업인지, 도전 기업이나 추종 기업인지 혹은 틈새 공략 기업인지에 따라 시장 선도 전략, 시장 도전 전략, 시장 추종 전략, 틈새 공략 전략으로 각각 그 성격이 달라질 수 있다.

▶ **시장 선도 전략**은 세 가지 도전에 직면하게 되는데 전체 시장의 확대, 시장 점유율의 유지, 시장 점유율의 확대가 그것이다. 시장 규모를 확대하기 위해서는 제품의 새로운 용도, 새로운 사용자, 사용량의 증대를 모색해야 한다. 현재의 시장 점유율을 지키기 위해 선도 기업은 방어 전략을 구사할 수 있는데 위치 방어, 선제 방어, 기동적 방어 등의 방법을 사용하게 된다.

▶ **시장 도전 전략**은 선도 기업이나 다른 유력한 기업들을 상대로 하여 적극적으로 자기의 시장 점유율을 확대시키려는 전략을 말한다. 도전 기업은 정면 공격, 우회 공격, 게릴라식 공격 등의 실제 전쟁 상황의 공격 방법을 응용하여 시장에서 고객으로부터 호응을 통해 시장을 넓혀가는 방법을 취하게 된다.

▶ **시장 추종 전략**은 현재의 시장 구도를 그대로 유지하며 시장 점유율을 안정적으로 가져 가고자 하는 전략이다. 주로 철강, 비료, 화학산업 등과 같은 자본 집약적인 산업, 산업재 시장에서 일어나는 현상이다.
시장 추종 전략은 수동적이라는 것이나 선도 기업을 모방한다는 것과는 다르다. 시장 추종 기업은 생산 원가를 낮게, 그리고 품질과 서비스를 높게 유지하면서 새로운 고객을 어떻게 공평한 비율로 차지할 수 있는 가를 알고 있어야 한다.

▶ **틈새 공략 전략**은 대규모 기업과의 충돌을 피하고 시장 일부에서만 전문화된 소규모의 기업이나 사업부가 전개하는 전략이다. 틈새 기업은 사용용도나 고객 규모, 특정 고객, 지리적 영역, 제품 특성, 서비스에 있어서 전문기업이 되는 경우가 많다.

● 재무 기능 전략의 수립

: 재무 전략의 역할은 자사의 목적과 사업 전략을 가장 효과적으로 지원하도록 자사의 경제적 자산의 사용을 유도하는 일이다. 효과적인 재무 전략은 장기 자본 투자, 부채 조달 방법, 배당금의 지급과 단기 자산관리에 관한 결정 지침을 재무관리자에게 제공하게 된다.

이를 위하여 재무 전략은 자본 구조, 부채 관리, 배당금 관리와 운전자금 관리의 네 가지 항목을 고려하게 된다. 이중 가장 중요한 사항은 운전자금 관리 항목이라고 할 수 있겠다. 운전자금은 기업이 매일매일의 운영을 성공적으로 수행하는 데 절대적으로 요구되는 것이다. 운전자금의 소요량은 계절적 변동과 경기 변동, 기업규모, 채권·채무의 발생과 지급방식에 의하여 직접적으로 영향을 받게 된다.

정확한 현금 흐름 예측에 근거하여 작성되는 재무 전략의 운전자금 항목은 기업의 일상 운영에 요구되는 현금 유입과 지출의 균형을 확보하고 설정하는 데 기준이 되는 현금 관리 지침을 제시해 주어야 한다.

재무 전략 요소	전략요소별 주요 의사결정 영역	
자본 구조	– 장기 투자의 결정 – 수용 가능한 금융 비용	– 부채의 사용 수준 – 세무관리
부채 관리	– 부채 규모 관리 – 부채 상환 능력	– 위험의 수준 – 경기 변동 주기
운전 자금 관리	– 현금 흐름 금액 규모 – 재고 관리	– 유동자산의 관리 – 채권 회수 방침
배당금 관리	– 내부 금융 사용액의 규모 – 기업 성장율 목표	

● 인사 기능 전략의 수립

　: 인사 관리의 방향은 유능하고 동기부여가 잘 되어있는 직원들을 발굴함으로써 기업 전략의 달성을 이루는 데 기여를 하게 된다. 인사 전략은 사업 전략에서 요구하고 있는 인적자원을 효과적으로 운영하기 위하여 다음 영역에 의사결정 지침을 제공하여야 한다.

　– 직원의 모집, 선발, 교육 훈련
　– 경력 개발과 상담, 업무 성과에 대한 평가와 교육 및 개발
　– 업무 성과에 대한 평가 및 보상 제도
　– 복리후생 시스템

● 생산/운영 기능 전략의 수립

　: 생산/운영 관리는 생산 요소(원재료, 소모품, 인력, 시설 및 설비, 에너지, 기술 정보)를 투입하여 제품/서비스의 형태로 변환시킴으로써 부가가치를 창출하는 가장 본원적인 기능이라 할 수 있다. 생산/운영 전략의 의사결정 영역은 다음과 같다.

의사결정 영역	의사결정 변수
공장 / 설비 시설	공정의 범위, 공장 규모, 공장 입지, 투자 결정, 설비 선택, 기구의 종류
생산 계획과 통제	재고 입출고 빈도, 재고의 규모, 재고관리 대상, 품질 관리, 표준 사용 여부
직무자 관리	직무의 전문화, 관리자 요건, 급여 시스템, 감독 방법, 연구원 규모
제품 설계/엔지니어링	제품 라인의 크기, 설계 안정성, 기술적 위험도

● 연구개발(R&D) 기능 전략의 수립

: 최근 연구개발 기능은 기업 내에서 필수적이고 절대적인 기능으로 인식되어지고 있다. 실무 라인에서의 아이디어 차원이 아닌 전문 부서의 심도 깊은 조사와 탐구, 검증을 거친 사업 아이디어나 기술 개발 방향이 연구개발 기능 전략을 통해 체계화되고 있다.

전통적인 업종의 경우에는 매출액의 1%를, 기술 집약적인 업종에서는 매출액의 4~6%를 연구개발에 투입하고 있다.

연구개발 결정 영역	주요 의사결정 내용
연구 참여범위	기초연구 단계 → 응용연구 단계 → 개발 단계 → 실용화 단계 → 제품화 단계 중에서 어느 단계를 목표로 참여할 것인가?
연구개발 기간	연구 개발 기간의 시한을 단기로 잡을 것인가? 장기로 잡을 것인가? 각 기간마다 대비 방안은 철저히 준비되어지고 있는가?
조직과의 부합성	사내에서 수행할 것인가? 외부에 위탁해서 수행할 것인가?
연구개발의 방향	동종 업종에서 기술 혁신과 개발을 주도할 것인가? 경쟁 업체의 개발 활동에 대응하면서 방어적 입장에서 개발을 추진할 것인가?

전략 수립 – 분석 프레임 요약 총정리

전략 수립 및 분석 도구에는 외부 환경 분석 도구로는 PEST 분석, 5 Forces 분석이 있고 내부 역량 분석 도구로는 가치사슬 분석, 비즈니스 시스템 분석, 7'S 조직 역량 분석 등이 있다.

고객 분석 도구로는 STP 분석, 고객 관계 모델 분석이 대표적이고 사업 분석 도구로는 BCG/GE 매트릭스, 제품/시장 매트릭스, PLC 분석, 3C 분석, 4P 마케팅 믹스 분석 등이 주요 분석 도구로 사용된다.

이 분석 도구의 내용들이 종합되어 [SWOT 분석표]에서 정리되고 우선 순위가 선정되어져 통합적이고 체계적인 경영전략이 수립되는 것이다. 경 영전략은 단계별로 전사 전략, 사업(경쟁) 전략, 기능별 전략으로 각각 그 내용이 반영되고 [비즈니스 모델 9 캔버스]에 복합적으로 표현되어 전체 청사진이자 기업의 밑그림으로서 그 역할을 담당하는 것이다.

외부 환경	분석 프레임	전략 포인트
거시 환경	– PEST분석 + E = [STEEP] 분석 (정치, 경제, 사회문화, 기술 + 생태적 환경)	– 산업 주기, 시장 흐름 추세 – 기술적 난이도 [전사 전략]
산업/경쟁환경	– 5요인 분석(공급자, 구매자, 경쟁자, 대체재, 신규 진입자)	– 진입 장벽/퇴출 장벽 – 경쟁 강도, 협상 교섭력 [경쟁 전략]
사업 환경	– PLC 분석(제품 수명 주기: 도입기, 성장기, 성숙기, 쇠퇴기) – BCG 매트릭스(시장 성장성, 시장 점유율) – GE 매트릭스(산업 매력도, 사업 강점)	– 사업 매력도 – 대응 방안 [사업 전략]

외부 환경×내부 역량 = 통합 분석 툴	– SWOT 분석(기회, 위협, 강점, 약점) – 3C 분석(고객, 경쟁사, 자사) – 비즈니스 모델 9 캔버스 (목표 고객, 제공 가치, 유통 채널, 핵심 활동, 핵심 자원, 협력 파트너)

내부 역량	분석 프레임	전략 포인트

고객/
제품 분석
	– STP 분석(세분화, 목표 고객, 포지셔닝)
	– 4P 마케팅 믹스 분석(제품, 가격, 유통 채
	  널, 촉진)
	– 7P 서비스 마케팅 믹스분석(Product, Price,
	  Place, Promotion, Process, Physical
	  Evidence, People)
		– 고객에 대한 이해
		– 제공 가치, 상품력
		
		[마케팅 전략]
		[생산성 향상 전략]

내부 능력	– 가치 사슬 분석 – 비즈니스 시스템 분석 – 7'S 조직 역량 분석 – BSC(균형 성과표) 분석 – 경영 자원 목록 리스트	– 업무 프로세스 – 운영 시스템 – 강점/약점 [재무 전략] [연구개발 전략] [인사 전략] [조직 전략] [생산 효율화 전략]

04

리더십/동기부여

리더는 리더십에 대한 정확한 이해와 사람들의 동기를 유발하는 방법,
행동 변화에 대한 여러 방법에 관련된 이해로 무장하고 있어야 한다.

"위기의 시기에는 가장 대담한 방법이 때로는 가장 안전하다."
"지혜로운 자는 달콤한 건강을 위하여 쓴 약을 먹는다."
"물 들어올 때 노를 힘껏 저어라."
– 한국 속담 –

"지금 당장 어떻게 할 지를 모른다면 이전 사람이 했던 과오를
살펴보고 그와 정반대로 행동하면 이미 반 이상은 성공할 것이다."
– 탈무드 –

"칭찬은 고래도 춤추게 한다."
– 켄 블란차드 –

리더십의 의미와 유형

■ [경영]이 조직에서 지향하는 일을 올바로 하는 것을 뜻한다고 볼 때, **[리더십]은 그 지향하는 일을 제대로 하게 하는 능력**을 뜻한다고 볼 수 있고 전략을 올바르고 제대로 실행하는 지도자의 능력을 가리킨다.

그래서 [리더십]을 "리더(지도자)"를 추상적으로 표현할 때 사용하는 경우를 가끔 볼 수 있는데 "그 조직에는 리더십이 없어."라는 표현은 "그 조직에는 조직을 제대로 이끌어 가는 지도자가 없어."라는 의미로 사용되기도 하는 것이다.

■ [리더십]은 조직의 사명을 충분히 생각하고 **명확하게 사명을 정의하고 목표를 설정하고 실행하는 과정**을 통해 그 소임을 다할 수 있다.
: 구체적으로 [리더십]은 리더가 투철한 사명 의식을 가진 상태에서 조직의 목적을 세우고, **우선 순위와 기준을 정하고 유지시키며 실행**해 나가야 제 몫을 다할 수 있게 된다.

■ [리더십]은 리더가 조직 목표를 달성하기 위해 조직이 처한 상황과 구성원의 특성, 기대를 고려하여 **구성원들에게 영향력을 행사하는 과정**을 말한다.

■ 세상의 모든 리더는 **고슴도치와 여우**, 이 두 가지 유형으로 크게 나눌 수 있다고 한다. 직선과 곡선, 단순과 복잡, 목적과 방법, 끈기와 재치, 대담함과 신중성 등으로 각기 대변되는 리더형이 **고슴도치형 리더**와 **여우형**

리더가 그것이다. 그렇지 아니하면 그 사이 어딘가의 범주 안의 중간 성격에 들어가기 마련이다.

● 고슴도치는 탱크를 연상하게 하는 전형적인 돌진형 동물이다. 종종걸음으로 한 방향을 향해 일직선으로 내닫다가, 뭔가 발견했다 싶으면 잠시 주의 깊게 냄새를 맡다가, 이거다 싶으면 먹이를 향해 곧장 돌진한다.

고슴도치의 주된 먹이는 곤충이지만 특별한 것은 독이 있는 동물이라도 뱃속에 집어넣을 수 있는 거라면 모두 다 사냥감이 된다는 것이다. 고슴도치는 사냥한 먹이를 끝까지 다 먹기 전에는 절대로 다른 먹이에 손대지 않는다. 사냥 활동을 할 때는 아주 대담하고 공격적으로 돌변하여 목표한 사냥감을 기필코 쟁취하는 **목표/결과 지향형**의 동물이라고 할 수 있다.

● 여우는 꾀가 많은 동물이다. 여우는 자신의 영역 안에 있는 모든 길을 완벽하게 꿰고 있다. 매번 같은 순서로 자신의 영역을 순찰하고 탐지한 덕분이다. 여우는 눈에 보이지 않는 바람의 흐름까지도 결코 놓치는 법이 없다. 여우는 특정한 한 장소에서 오랫동안 머물면서 냄새를 맡고 귀를 세우며 주위를 면밀히 살피다가 검증된 사냥감이 나타나면 그때서야 비로소 사냥에 돌입한다.

여우는 사냥감이 도망치더라도 어디로 도망치는지 확인하고 결코 놓치는 법이 없다. 만약 사냥감이 활동 반경에서 멀어지면 일찌감치 포기하고 새로운 사냥을 계속한다. 여우는 다리도 빠르고 수영도 잘 해서 다양한 물고기가 사냥감의 목표 안에 들어와 있다.

여우는 사냥감 그 자체보다는 사냥하는 과정 자체를 철저히 관리하여 생활을 영위하는 **과정 지향형**의 동물이라 할 수 있다.

리더십의 중요성

■ 리더의 태도와 행동은 구성원의 태도와 행동에 어떤 방식으로든 영향을 주게 되어 있다. 다만, 그 영향이 가져오는 결과가 좋은 것이냐 그렇지 않느냐가 문제가 될 뿐이다.

　: 특정 조직이나 단체, 기업은 물론 리더십의 영향을 받을 것 같지 않은 조그마한 단위 부서나 조직일지라도 리더가 지향하는 리더십 방향에 따라 그 분위기나 행동 패턴이 정해지게 된다.

● 최고 경영자의 경영 스타일은 조직의 성격을 결정한다. 좋든 나쁘든 조직 문화와 구성원의 행동 양식은 리더에 의해서 영향을 받게 되어 있다.

● 리더십이 조직에 미치는 영향은 리더가 인식을 하든 그렇지 아니하든 상상을 초월할 정도로 막중하다.

● 잘못되어 가고 있는 리더십은 대부분 **신뢰의 부재, 우유부단한 결정, 불명확한 우선 순위, 커뮤니케이션의 부족, 동기부여의 미숙**에 그 원인이 있다.

● 뛰어난 기술력, 심사숙고하여 수립된 전략, 최고의 실행력도 형편없는 리더십에 압도당하면 결국 무용지물이 되고 만다.

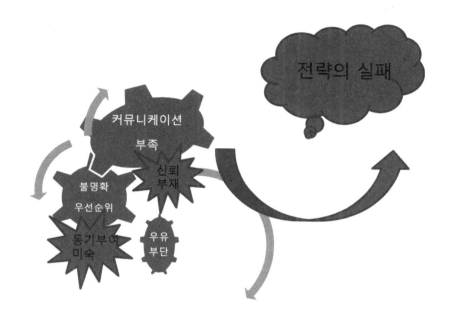

■ 성공하는 리더십은 현재의 평범한 조직을 미래의 성공적인 조직으로 움직이게 하고, 조직의 잠재적인 기회를 비전으로 창조하며, 구성원들을 변화에 동참하도록 이끌고, 에너지와 자원을 동원하고 집중할 수 있도록 새로운 문화와 전략을 조직 내에 전파시키는 것이다.

☞ 리더의 경영전략 추진을 위해서는 비전은 필수품이고 권한은 현금과도 같은 역할을 한다.

리더십이 갖추어야 할 특징

■ [리더십]은 다음의 네 가지 측면에서 강점을 가지고 있어야 그 소임을 다 할 수 있다.

● 방향 설정: 조직이 현재 어디에 위치하고 있으며 **어디로 가야 하는 것에 대한 결정**을 확실하게 내려 주어야 한다.

● 방향 정렬: 리더의 생각과 경영 철학이 구성원들에게까지 받아들여져 조직의 문화로 정착되는 과정을 뜻한다. 리더의 생각과 경영 철학은 조직의 목표를 달성하고자 구성되고 짜여진 **조직 구조, 시스템, 프로세스**를 한 방향으로 일관성 있게 모아지게 하는 데 결정적인 역할을 하게 된다.

● 모델 되기: 구성원에 대해 리더가 좋은 **본보기**가 되는 것이다. 이는 구체적인 사례로 비춰지게 하여 조직 문화에 유익한 영향을 끼치게 하는 수단으로 활용되어야 한다.

● 임파워먼트(Impowerment): 구성원들이 과제를 실행하는 과정에서 장애 요소로 작용하는 것들은 제거하고 도움이 되는 것들은 지원함으로써 구성원의 **역량을 개발하고 이끌어내는 것**이다.

리더십의 주요 활동

리더십을 구성원으로 하여금 주어진 목표와 과제를 자발적이고 순조롭게 달성하도록 지휘하는 과정이라고 할 때 일상적으로 해야 할 구체적인 주요 활동은 다음과 같다.

첫째, 주어진 목표를 달성하기 위하여 구성원 각자에게 해야 할 **업무를 배정하는 활동**

둘째, 주어진 업무를 자발적으로 추진할 수 있도록 구성원에게 **동기를 부여하는 활동**

셋째, 구성원이 업무를 수행하는 데 필요한 **능력을 개발해 주고 지도해 주는 활동**

넷째, 구성원 간의 **커뮤니케이션과 목표 달성에 필요한 자원과 여건을 마련해 주는 활동**

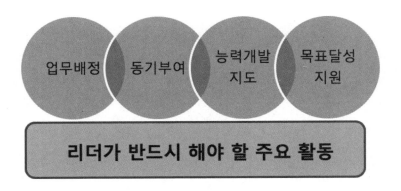

스타일에 따른 리더십의 유형

■ 리더십은 **리더가 [의사결정을 어떤 스타일로 결정하느냐]**에 따라 그 유형을 나눌 수 있다.

: 의사결정의 방법에 따른 리더십 유형, 의사결정의 신중성에 따른 리더십 유형, 업무 수행 스타일에 따른 리더십 유형으로 구분할 수 있다.

● 의사결정의 방법에 따른 리더십은 의사결정을 수직적 지시 형태로 결정하는 **권위형 리더십**, 수평적 의견 수렴 형태로 결정하는 **민주형 리더십**, 의사결정을 하부 조직에 일임하여 결정하게 하는 **위임형 리더십**으로 나눌 수 있다.

● 의사결정의 신중성에 따라 도전적이고 공격적인 **돈키호테형** 리더십과 신중하고 방어적인 **햄릿형** 리더십으로 구분할 수 있다.

● 업무 수행 스타일에 따라 조직 구성원의 목표 달성을 도와주는 **업무 지향적** 리더십과 구성원 간의 호의적인 관계를 가지도록 도와주고 만족을 느끼도록 도와주는 **관계 지향적** 리더십이 있다.

"어떤 리더십이 가장 최적의 리더십이라 할 수 있을까?"라는 질문에는 정답이 있을 수 없다. 조직이 처하는 다양한 상황은 그 상황에 적합한 리더십 유형이 존재하게 마련이기 때문에 그러하다. 또한 조직이 직면하게 되는 상황은 시간과 공간의 다양한 조합에 의해서 수시로 변화하기 때문에 그 상황에 맞는 리더십이 다양하게 요구된다.

그러나 다양한 리더십이 요구된다고 해서 리더십의 일관성을 잃어서는 안 된다. 1년 단위의 단기 계획, 3~5년 단위의 중장기 계획을 통해 경영전략 및 경영 방침이 결정되어지면 전체적인 조직 경영의 방향에 적합한 리더십의 유형을 리더는 결정해야 한다.

사업 환경이 성장 가도를 달리고 적극적인 활동이 필요한 상황이라면 권위적 리더십(또는 방임적 리더십), 돈키호테 리더십, 업무 지향적 리더십이 적합할 것이다.

이와 대조적으로 사업 환경이 성장 추세가 멈추고 사업 리스크가 확대되고 안정적인 대응이 필요한 상황이라면 민주적 리더십, 햄릿형 리더십, 관계 지향적 리더십이 적합할 것이다.

인간 욕구에 연계한 리더십

■ 리더십은 바라보는 관점에 따라 그 유형을 다양하게 구분할 수 있다.

앞에 언급한 리더십에 대한 세 가지 접근법은 리더십에 대한 의사결정의 스타일을 중심으로 일반적이고 전통적인 접근법이라 할 수 있다. 이에 추가하고자 하는 접근법은 인간의 욕구와 연계한 리더십에 대한 것이다.

인간은 자신의 이익을 위해 움직이며 다양한 욕구들을 추구한다는 관점에서 리더십의 유형을 분류하면 **거래적 리더십, 동기부여 리더십**으로 나눌 수 있다.

● **거래적 리더십**은 리더가 구성원들이 원하는 것을 제공함으로써 리더십을 확보하는 것이다. 다시 말해 리더와 구성원 간에 합의한 목표를 구성원이 달성했을 경우 그에 상응한 보상을 실시한다는, 일종의 거래를 통해 리더가 영향력을 행사하는 것이다. 리더는 구성원의 욕구를 인식하고 이를 충족시키기 위해 어떠한 역할을 수행해야 할지 명확히 하는 사람이다.

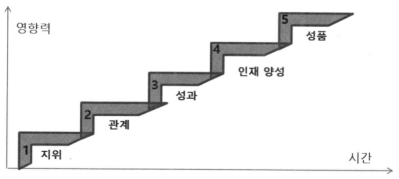

〈맥스웰의 5단계 거래적 리더십〉

● **동기부여 리더십**은 구성원과 비전의 공유를 통해 그들이 일에 집중할 수 있는 동기를 부여해 주는 리더십이다. 동기부여 리더십은 조직의 문화 자체를 변혁시키고 집단의 욕구 체계를 바꾸려는 리더십이다.

감정에 의존하는 것이 아니라 가치에 호소하여 구성원들의 의식, 가치관, 태도의 혁신을 추구하는 리더십으로 변화와 혁신에 초점을 맞춘다. 인간의 5단계 욕구에 1대1 대응되지는 않지만 리더십을 5단계로 나누어 설명해 보자면 다음과 같다.

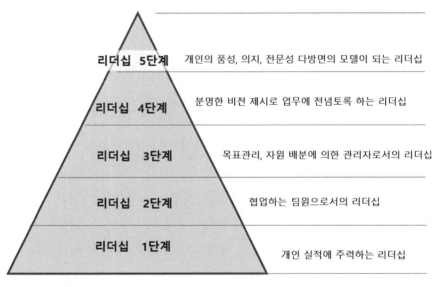

리더십 5단계	개인의 품성, 의지, 전문성 다방면의 모델이 되는 리더십
리더십 4단계	분명한 비전 제시로 업무에 전념토록 하는 리더십
리더십 3단계	목표관리, 자원 배분에 의한 관리자로서의 리더십
리더십 2단계	협업하는 팀원으로서의 리더십
리더십 1단계	개인 실적에 주력하는 리더십

〈짐 콜린스의 5단계 동기부여 리더십〉

바람직한 리더가 보여주는 리더십 행동

■ 리더라 함은 특정의 조직, 집단 내에서 다른 구성원에게 영향을 주거나 주려고 노력하는 조직의 구성원으로 정의하기도 한다. 따라서 동기부여와 행동 변화에 주력해야 할 리더로서는 자신만의 고유한 스타일이 있어야 하겠지만 그와 더불어 바람직한 리더들이 통상적으로 보여주는 리더십 행동을 명심해야 할 필요가 있다.

리더가 제일 먼저 책임져야 할 사항은 조직의 명확하고 통일된 비전을 확고히 하는 한편 그 비전을 추구하기 위해 헌신적으로 노력하도록 이끄는 것이다. 어떤 스타일의 리더십을 발휘하든지 리더는 반드시 이 역할에 충실해야 한다.

▶ 비전 설정 및 지향하는 목표 발표를 통해 실현하고자 하는 자신감을 보여준다.
▶ 최고의 역할 모델 [모범]이 되도록 한다.
▶ 특정 사안에 대한 기본적인 분석이 끝나면 그 이후에는 리더의 통찰력과 직관을 활용하여 결정하도록 한다.
▶ 단호하게 결정하되 새로운 정보, 환경에 따라 유연하게 행동한다.
▶ 중요한 일을 우선적으로 진행하도록 하고 한 가지 일에 집중하도록 한다.
▶ 장시간에 걸쳐 건설적인 인간관계를 맺어 우호적인 관계를 최대한 유지하도록 한다.
 : 공식적인 네트워크와 비공식적인 소통 채널을 입체적으로 구성하여 십

분 활용하도록 하고 구성원이 리더에게 편안한 마음으로 접근할 수 있도록 한다. 엄격하고 근엄한 태도로 얻을 수 있는 이익은 그리 많지 않다.

▶ 특정한 사안에 대해 상징적인 행동을 취함으로써 조직 전체의 가치를 은유적으로 나타낸다. 이는 매우 강력한 의사표현으로 받아들여지게 된다.

▶ 마주치는 다양한 상황에서 강하고 부드러운 것, 즉 강온 양면의 두 가지 태도로 조화와 균형을 유지할 수 있도록, 마주치는 상황에 대한 충분한 이해가 늘 선행되어야 한다.

리더십의 성숙 과정

　[리더십]은 다음과 같이 순차적인 단계를 밟아 나가며 발휘되기도 하고 또는 가장 필요한 단계의 과정을 선행적으로 보여주기도 하면서 결국은 각 단계의 과정으로 차근히 나아가게 된다.

● **1단계**: 개인이 가지고 있는 [재능], [지식], [기술], [업무 습관]을 조직 목표와 한 방향이 되게 하고 목표 달성을 위해 발휘하는 역량을 눈에 돋보이게 한다(개인 역량 차원).

● **2단계**: 결정된 목표를 효율적으로 달성할 수 있도록 사람과 자원을 적절히 배분하고 조직하는 능력을 보유하여 조직의 시너지 효과를 높인다(시너지 역량 차원).

● **3단계**: 비전/목표에 대한 의식을 고양시키고 이의 성취를 위해 동기부여와 행동 변화를 원활히 이루어낸다(조직 변혁적 차원).

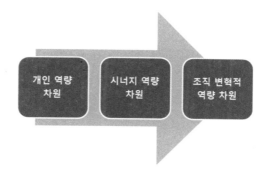

리더십과 전략 실행

■ 전략이 효과적으로 실행되기 위해서는 조직 구조나 시스템, 기업 문화 등에 새로운 변화가 필요하며 이러한 변화를 주도할 수 있는 것이 바로 경영자의 리더십이다.

● 리더십(leadership)과 관리(management)는 조직의 성공에 필요한 두 개의 서로 상이하면서도 보완적인 능력이다.

☞ 관리는 복잡성에 대처하기 위한 것이다. 관리 기준이나 절차는 조직 활동의 질서와 일관성을 유지하면서 조직이 혼란 상태에 빠지지 않게 하며 조직의 목적과 목표를 효과적으로 이루게 한다.

☞ 리더십은 변화에의 대처라는 점에 그 본질이 있다. 기업 환경이 보다 경쟁적, 동태적으로 변화하기 때문에 새로운 환경에 효과적으로 적응, 생존하기 위해서는 근본적인 변화가 요구된다. 더 많은 변화의 필요성으로 인해 리더십의 중요성이 더욱 부각되고 있다.

● 경영자는 전략 실행의 상징이 된다. 기존의 전략과는 전혀 다른 새로운 전략이 수립된 경우 새로운 전략에 대한 경영자의 진지한 몰입이나 행동은 구성원의 전략 실행에 큰 영향을 미치게 된다.

■ 리더, 특히 CEO는 전략 수립이나 실행에서 전략적 리더로서 다음과 같은 세 가지 활동에 주력해야 한다.

첫째, 비전과 전략에 의해 기업의 방향을 설정하는 데 핵심적인 역할을 해야 한다. 단순한 사업 계획은 어떤 정해진 결과를 얻기 위해 설계된 관리 과정의 결과물이다. 리더의 방향 설정은 비전과 전략에 담겨지는 것이다. 리더는 비전을 통해 미래의 방향을 명확히 설정하게 하고 조직의 사명과 목표 수립의 기본 틀이 되게 해야 한다.

둘째, 비전을 달성하고 전략을 실행하는 데 구성원의 공감을 얻어내며 추진함으로써 지속 가능한 성공 요인으로 자리 잡게 해야 하며 이를 위한 조직 구조나 시스템, 업무 프로세스 등의 설계에 지속적으로 관심을 가지고 있어야 한다. 예를 들어 기술 차별화 전략으로 경영의 어려움을 타개하려는 기업은 혁신이나 창의성이 촉진될 수 있도록 조직 형태나 업무 프로세스 등을 재구축해야 한다.

셋째, 기업의 전략 실행에 요구되는 새로운 문화를 창출하고 이를 강화하는 데 많은 관심을 가져야 한다. 기업 문화는 구성원들이 어떤 문제나 기회에 대처하는 방식, 즉 의사결정이나 행동 양식 등에 지배적인 영향을 미치게 된다. 이러한 조직 문화의 형성에 리더의 관심사, 중요한 일에 대한 대응 양식, 행동 모습은 근본적인 영향을 미친다. 그러므로 리더는 기업 문화의 형성이나 강화 또는 변화에 대한 자신의 역할을 명확히 인식하고 기업 문화의 창출 과정에 적극적으로 개입하고 주도해 나가야 한다.

사 례

☞ GE의 잭웰치 회장은 전략적 비전을 통해 리더십을 발휘하여 당시에 쇠퇴하던 GE를 세계의 초일류 기업으로 도약시켰다. 그는 GE의 모든 사업이 해당 업계에서 세계 제1 또는 제2의 경쟁 지위를 확보해야 한다는 비전 하에 이를 달성할 수 없는 사업 분야를 매각하거나 해당 업종으로부터 철수하였다.

그리고 '벽 없는 조직'을 주창하고 부서 간 존재하는 중복적인 업무에 대한 조정, 업무 프로세스상의 불필요한 절차의 퇴출 등의 일에 본인이 앞장서서 모범을 보여줌으로써 비전과 전략의 실현에 새로운 한 획을 그은 성공 사례로 꼽히고 있다.

방향설정	조직의 설계	바람직한 기업문화 형성
• 비전	• 조직 구조(의사결정 방식, 경로)	• 가치관
• 경영전략	• 업무 수행 절차	• 행동 스타일

성공하는 리더십의 네 가지 전략

비전을 통한 관심 집중	커뮤니케이션을 통한 생각의 전달	포지셔닝을 통한 신뢰의 구축	자신감을 통한 자기 관리

● 리더십 실행 1: 목표점, 지향점을 간결하고 직접적으로 전달하여 관심을 모은다.

비전을 통해 관심을 집중한다는 것은 '초점을 맞추는 것'이다.

비전은 사로잡는 힘이 있다. 제일 먼저 리더를 가슴 뛰게 하고 그의 열정은 다른 사람들을 비전에 집중하게 만든다. 그리고 간결함은 관심의 에너지원이 된다. 그리고 관심은 비전을 밖으로 드러내어 행동을 실행하고 실천하는 첫 단계이다.

● 리더십 실행 2: 커뮤니케이션을 통해 열중과 몰입을 추구한다.

완벽한 커뮤니케이션은 곧 성공하는 리더십으로 직결된다. 다른 사람의 열중과 몰입을 유도할 수 있는 이미지를 늘 고민하고 계발하여 구성원에게 제시하고 공감을 불러 일으키도록 해야 한다.

● 리더십 실행 3: 포지셔닝을 통해 신뢰를 구축한다.

신뢰는 조직을 결집시키는 접착제이자, 조직을 움직이게 하는 윤활유이다. 그런데 신뢰는 조직의 포지셔닝을 명확히 함으로써 얻을 수 있다. 포지셔닝은 조직이 처한 환경(외부/내부 환경, 공간적/시간적 상황)에 가장 알맞은 위치점을 결정하고 유지해 나가는 과정을 뜻한다.

포지셔닝은 조직이 설정하는 비전, 목표, 핵심 가치, 사명, 미션 등의 큰 숲과 이에 기반하여 수립하는 사업 계획, 실행 과제 등의 세세한 나무 등을 결정하고 실천해 나가는 과정을 통해 그 내용이 반영되고 투철한 지침이 되어가게 한다.

한 조직의 포지셔닝은 별도의 한 문구로 나타내기도 하는데, 이는 그 조직의 정체성을 명쾌하게 드러나게 하는 간결한 문구로 표현되어 지기도 한다. 굳건하게 공감된 조직의 정체성은 조직 내부와 외부에 존재하고 있는 모든 이해 당사자에게 굳건한 신뢰를 구축하게 된다.

● 리더십 실행 4: 자신감으로 자기 관리를 한다.

성공하는 리더십의 핵심요소는 리더가 창의적으로 자신을 관리함으로써 자신감을 스스로 이끌어내어 조직을 선도적으로 리드하는 것이다. 자신감을 갖기 위해서는 리더가 자신의 강점을 인식하면서 동시에 약점을 보완하는 노력을 꾸준히 해야 한다.

자신감은 인간의 마음 한 켠에 자리잡고 있는 바람직하지 못한 열등감을 극복하고 무한한 잠재력의 가능성에 눈이 가게 하는 촉진제가 되어 주는 것이다. 이는 우량 기업이나 조직의 리더들이 탁월성 또는 위대함을 추구하는 분위기를 만들어 가고자 할 때 공통적으로 사용하고 있는 방법이기도 하다.

사 례

"관리의 삼성, 도전의 현대, 기술의 LG"

긍정적인 의미의 별명이 붙어 해당 기업을 한마디로 특징지었던 이들 문구는 지금은 조금 낯설지만 2000년도 이전까지 자주 사용했던 이들 기업에 대한 별칭이었다.

한편으로 **세 기업의 특징과 포지셔닝을 가장 간결하게 표현한 문구이기도 하였다.** 이들 기업들은 당시에 나름대로 비전, 목표, 사명 등의 공식적인 선언문이 별도로 있었지만 이 문구만큼 일반 대중에게 강렬한 인상을 준 문구는 없었다.

이러한 문구가 바로 포지셔닝을 표현하는 데 있어 가장 적절히 잘 사용되어진 [포지셔닝 문구]의 대표적인 사례라고 할 수 있는 것이다.

동기부여의 의미

■ [동기부여]는 목표 달성을 원활히 하기 위하여 **구성원의 자발적이고 지속적인 노력을 발생시키는 모든 조치 및 활동**을 의미한다.

  : 동기부여 활동이 추구하는 바는 강압적으로 시키지 않고도 구성원들로 하여금 자발적인 움직임이 가능한 의욕적인 조직으로 만드는 데 있다.

  ☞ 동기부여의 핵심을 알고자 한다면 구성원의 욕구가 어디에 집중되어 있으며 이를 해결하고 만족시킬 수 있는 수단과 과정에 대한 이해가 충분히 되어 있어야 한다.

여기서 잠깐

  : 동기를 부여하면 직원들이 사명감과 확고한 신념 아래 움직인다. 그 방향성의 선택은 경영자의 몫이다. 여러 성공적인 기업의 공통점은 한결같이 그러한 방향성을 견지하여 시대가 흘러도 기업이 무너지지 않고 굳건하게 하고 앞으로 나아가는 힘을 만들어내는 원천이 되게 한다는 것이다.

  사람은 스스로 가장 관심이 있다고 생각하는 것에 의해 동기가 유발되기 마련이다. 리더가 직접 다른 사람의 동기를 유발할 수는 없다. 단지, 다른 사람의 동기 유발 원인이 되는 것에 영향을 줄 수 있을 뿐이다.

▶ 동기 유발 요소는 크게 **만족감, 협력, 선택권**이 있다.

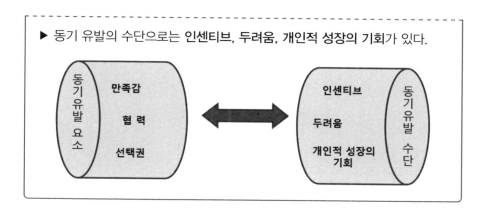

▶ 동기 유발의 수단으로는 **인센티브, 두려움, 개인적 성장의 기회**가 있다.

동기부여의 요인

■ 동기부여의 요인은 크게 **내재적** 동기부여 요인과 **외부적** 동기부여 요인으로 나뉜다.

● **내재적 동기부여**: 일에 대한 내재적 보상에 의해 이루어지는 것으로서 일에 대한 명분, 성취감, 도전감, 확신감 등의 유발을 통해 이루어진다.

● **외부적 동기부여**: 일의 외부 요인인 직무 환경으로부터 발생하는 것으로서 보수, 승진, 칭찬, 권한 부여 등을 통해 이루어진다. 이 외부 요인도 실상은 내재적 동기부여에 영향을 주는 외부적 요인으로 작용한다.

■ 사람은 스스로 가장 관심이 있다고 생각하는 것에 의해 동기부여가 이루어진다.
: 구체적인 동기부여 요소로는 만족감, 협력, 선택권 세 가지를 꼽을 수 있고 동기부여에 활용하는 수단으로는 인센티브, 두려움, 개인적 성장의 기회 제공이 있다.

● 동기부여의 3 요소
☞ **만족감**: 사람들은 자신의 작업이 소속 조직에 어떻게 기여가 되었는지 인식했을 때에 더욱 열심히 일하려는 경향이 있다.
☞ **협력**: 사람들은 서로의 성공을 위해 힘을 합칠 기회를 가졌을 때 더욱 열심히 일하려는 경향이 있다.

☞ **선택권**: 사람들은 자신의 일에 관한 의사결정 권한을 부여 받으면 더욱 열심히 일하려는 경향이 있다. 직원들에게 독자적인 결정 권한을 상황에 따라 부여하고 허용하면 자발성과 창의성은 한층 빛을 발하게 된다.

● 동기부여에 활용하게 되는 3가지 수단

☞ **인센티브**: '당근과 채찍'으로 불리는 동기 유발 수단에서 '당근'에 해당하는 대표적인 수단이다. 구체적으로 보수, 보너스, 복리후생 여건 제공 등의 방법이 적용된다.

☞ **두려움**: '당근과 채찍'에서 '채찍'에 해당한다. 이 수단은 성과가 즉시 나타나는 효과는 있으나 오래 지속되지 않는다는 함정이 있다. 그리고 조직에 역효과를 불러 일으킬 수도 있다. 구체적으로 질책, 감봉, 징계 등의 방법이 있고 제한적으로 적용하는 것이 좋다.

☞ **개인적 성장의 기회 제공**: 일에 대한 직원들의 사고방식을 바꿀 수 있으며 능력을 개발하고 일의 의미와 목적을 부여하게 된다. 높은 수준의 '당근'에 해당하며 칭찬, 격려, 교육, 승진, 권한 부여 등의 방법을 균형 있게 활용해야 한다.

리더와 동기부여

■ 리더가 조직에 가장 강력하게 개입하고 영향을 발휘해야 하는 활동이 조직원들의 동기부여에 관한 일이다. 그렇다고 직원들에게 직접 동기를 부여하려고 해서는 안 된다. 뭔가를 달성하고 그것을 스스로의 방법으로 수행할 권한과 책임을 부여해야 한다. 그러면 직원들이 스스로 동기부여를 발견하게 된다.

■ 동기부여는 **희망, 신뢰, 재미**에 근거하게 되는데 이의 생성은 리더가 담당해야 하는 몫이다.

● 희망은 성공을 거두려는 희망, 더 나은 미래를 위한 희망 등으로 구성되는데 회사로서는 회사 비전, 목표 등의 표현 수단으로 그 내용을 표현해야 한다.

　비전은 희망 자체가 아니라, 가야 할 방향을 제시하고 믿을 수 있는 힘을 불어넣고 미래는 더 밝을 것이라는 믿음을 주는 것이어야 한다. 인간은 미래에 대해서 긍정적으로 생각하면 그들이 참여하는 업무에 대한 열정과 헌신이 더욱 강해진다. 일을 잘 처리하면 그만한 대가와 보상이 있다는 것을 의미하기 때문이다.

● 모든 조직은 관계에 근거하고 있으며 신뢰에 근거하여 이루어진다. 비즈니스는 사람과 그들이 맺는 관계에 대한 것이다. 현명한 리더는 개인을 공동체로 만드는 관계를 강화하며 더 많은 일을 하도록 동기를 부여한다.

동기부여에 뛰어난 리더는 이끄는 일, 사람, 조직의 일에 관심을 갖는데 그러한 관심은 조직원과의 관계를 통해서 생긴다. 그리고 사랑 받고 싶어 하는 욕구에 집중하여 따뜻한 말과 행동으로 격려하고 고무하는 일에 힘을 쏟아야 하며 믿음을 심어주는 데 정성을 다해야 한다.

● 전략적이고 성공적인 조직의 가장 중요한 특성은 조직원들이 일하면서 재미를 느낀다는 것이다. 일의 재미와 동기부여, 만족감, 생산성, 창조성 사이에는 밀접한 연관성이 있다. 재미있는 환경에서 일하는 직원들은 에너지가 더 많고 자신감이 강하며 일에 대한 열정, 긍정적인 태도 등이 월등히 높아 높은 동기부여의 지속성을 보이게 된다.

동기부여의 효과

■ 동기부여는 조직의 차이를 결정하게 하는 힘이다. 조직에 동기부여가 부족하다는 것은 구성원의 의욕이 부족하다는 것이고 결국 그 조직은 평범해지고 활력이 떨어지게 된다.

● 동기부여 활동은 직원 발전에 투자하는 것이고 힘을 불어넣어 활력을 불러일으키는 데에 기여한다. 동기부여 관련 비용 지출은 조직을 활성화시키는 최상의 투자라고 할 수 있다.

● 동기부여는 직원들이 서로를 가르치고 서로에게 배우도록 한다. 이는 최상의 교육 연수 방법으로 자연스럽게 이끌어주는 것이다.

● 동기부여는 직원들이 변화를 다루도록 하는데 촉진제 역할을 한다. 그들이 창조적으로 사고하고 문제를 해결하고 기회를 찾을 수 있도록 격려해야 한다.

동기부여를 설명하는 이론

동기부여 요인을 설명하는 대표적인 이론으로는 욕구 단계론, ERG 이론, 동기-위생 요인 이론, 성취 동기 이론 등이 있다.

■ 욕구 단계론

욕구 단계론은 인간에게 동기를 부여하는 욕구는 단계적으로 이루어져 있기 때문에 특정 단계의 욕구가 일정 수준 충족되어지면 그 욕구는 더 이상 동기부여 요인으로 작용하지 못하며, 대신에 그 다음 단계의 욕구가 동기를 부여하는 요인으로 강력한 힘을 나타낸다고 한다.

: 동기부여 욕구의 단계적 성격과 이미 일정 수준 충족되어진 욕구는 동기부여 요인으로서의 효력을 상당 부분 잃어버린다고 예리하게 갈파하여 설명해 준 이론이 바로 매슬로우(Maslow)의 '욕구 단계론'이다.

인간의 욕구는 아래와 같이 크게 다섯 가지로 분류되고 동기부여 요인으로 작용하는 데도 일정한 법칙이 작용한다.

● 생리적 욕구: 삶 자체를 유지하기 위한 기초적인 인간의 욕구(음식, 거처, 의복)
  ☞ 급여, 보수, 복지후생 제도 등으로 충족시킴.

● 안전 욕구: 신체적인 안전과 심리적 안전에 대한 욕구(신변 보호, 안정감)
  ☞ 안전 시설 구비, 조직의 안정성, 대외 신인도 제고에 의한 안정감 부여로 충족시킴.

● 소속감과 애정 욕구: 대인관계에서 나타나는 욕구(취미 모임, 친교, 우정, 결혼)

☞ 조직 내 취미 클럽 조성, 회식 모임, 사교 시간 부여, 교류 기회 부여로 충족시킴.

● 존경 욕구: 타인으로부터 존경을 받고 싶어하는 욕구(칭찬, 지위, 명예)

☞ 직함 부여, 표창 제도, 승진 제도 마련으로 충족시킴.

● 자아실현 욕구: 자신의 발전과 잠재력을 극대화하려는 욕구(도전 욕구, 성취감, 자기 능력 발견)

☞ 학습, 능력 개발, 도전 과제/목표 달성, 자기 이상 실현으로 충족됨.

여기서 잠깐

급여 수준을 동종업계 평균 수준 이상으로 실시하고 물리적 안전 시설 구비, 대외 홍보 활동, 스포츠단 설립, 공동 응원 실시, 정기 회식 제도 마련으로 **생리적 욕구, 안전 욕구, 소속감과 애정 욕구**를 충족시켜 나간다.

그리고 내부 조직 체계의 정비 및 실적 평가제도, 승진 제도를 마련하여 **존경 욕구**에 대응하고 학습 기회 부여, 자기 개발 제도, 목표 관리 도입을 **자아실현 욕구**에 대한 동기 부여 요인으로 순차적 단계적으로 활용해야 비로소 구성원들은 최고 수준의 만족감을 얻게 된다.

: 생리적 욕구가 일정 수준 충족되지 않으면 그 위 단계에 있는 욕구들은 관심이 없어진다. 따라서 생리적 욕구를 일정 수준 충족시켜야 비로소 안전 욕구에 관심이 가고, 그 다음으로 소속감과 애정 욕구, 존경 욕구 그리고 자아실현

욕구가 순차적으로 동기부여 요인으로 작용하게 된다. 다양한 욕구를 충족시키는 활동과 프로그램을 순차적으로 마련해 나가야 비로소 불만족 요인이 없어지고 동기부여도 가능한 것이다.

욕구 단계론은 인간의 욕구 동기를 근원적이면서도 실용적으로 파악한 예리한 접근 방법으로 인정받고 있으며 폭넓은 공감을 불러 일으킨 매우 중요한 경영학 이론이다.

■ ERG 이론

ERG 이론은 인간의 욕구를 존재 욕구, 관계 욕구, 성장 욕구의 세 가지 범주로 나눈 이론인데, 매슬로우의 5단계 욕구를 3단계 욕구로 단순화하여 정리했다고 볼 수 있다. 이 이론의 특징은 상위 욕구가 충족되지 않고 좌절되면 하위 욕구의 중요성이 이전보다 더 커진다는 점이다.

: 동기부여 요인을 [존재 - 관계 - 성장] 욕구로 단순화시켰으며 특정한 욕구가 좌절되면 다른 욕구에 대한 기대하는 수준이 더 커진다는 좌절된 욕구에 대한 '대리 보상 원리'를 강조하고 있다.

● 존재 욕구(Existence): 인간의 생존을 위하여 필요한 욕구(생리적 욕구, 안전 욕구)

● 관계 욕구(Relation): 타인과의 관계를 유지하고 공동체 인식을 얻기 위한 욕구(소속감과 애정 욕구, 존경 욕구)

● 성장 욕구(Growth): 창조적, 개인적 성장을 위한 한 개인의 노력과 관련된 욕구(자아실현 욕구)

특정 시기에 승진(존경 욕구)이 좌절된 직원에게는 이전에 제공했던 급여(물질적 보상: 존재 욕구)보다 더 많은 급여를 지급하거나 부서 이동 발령(새로운 관계 형성: 관계 욕구)을 통해 해당 직원의 사기를 높여주거나 직무 수행에 대한 의욕 상실을 사전에 예방할 수 있다.

유의해야 할 점은 이 프로그램을 적용하기에 앞서 해당 직원과 사전 상담을 통해 적용 프로그램에 대한 공감대를 형성한 후 실행해야 한다.

〈ERG와 욕구 단계론의 비교〉

ERG 이론	존재 욕구	관계 욕구	성장 욕구
욕구 단계론	– 생리적 욕구 – 안전 욕구	– 소속감과 애정 욕구 – 존경 욕구	– 자아실현 욕구

■ 위생 – 동기 요인 이론

위생–동기 요인 이론에 의하면 사람들이 직무에 불만족을 느끼게 하는 경우는 직무의 환경에 문제가 있을 때이고 직무에 만족감을 느끼게 하는 경우는 직무와 관련된 내용이 충족될 때이다.

환경과 관련된 첫 번째 요인들을 '**위생 요인**'이라 하고 직무와 관련된 두 번째 요인들을 '**동기 요인**'이라 한다.

● 위생 요인은 예방적인 의미가 있는 것으로 작업 조건, 개인 상호간의 관계, 급여, 보수, 지위, 안전, 회사의 정책과 관리, 감독 방법 등을 말한다. 위생 요인은 직무에 대한 **불만족을 미리 예방할 수 있는 요인**으로 작용하게 된다.

● 동기 요인은 사람들로 하여금 만족과 적극성을 가져오게 하는 것으로 존재감, 도전감, 성취감, 책임감, 성장과 발전 등을 말한다. 동기 요인은 직무에 대한 **만족과 적극적인 의욕**을 불러일으켜서 '만족 요인'이라고도 불린다.

현장 적용 🔍

위생 요인의 특성은 이 요인이 충족되어지면 불만족한 상황은 없어지게 된다. 그렇다고 해서 직무에 대한 만족감이 올라가거나 직무에 대한 동기부여가 눈에 띄게 높아지는 것은 아니다.

예를 들면, 우리가 생계비에도 미달하는 낮은 수준의 급여를 계속 받게 되면 불만족을 느끼다가 급여 수준이 높아지면 우리의 불만족은 없어지고 어느 정도의 만족감이 생겨난다. 그러나 일정 수준의 급여 수준을 넘어서면 급여 수준이 높아진다고 해도 직무에 대한 만족감이 증대되어 직무에 대한 적극적인 태도가 생기는 것은 아니다. 이를 해결하려면 업무 성과에 대한 칭찬, 격려, 포상이나 승진 등의 조치가 뒤따라야 한다.

동기 요인의 특성은 이 요인이 충족되지 않아도 불만은 없지만, 충족되어지면 직무에 대한 만족감이 높아져서 일에 대한 적극적인 태도를 유발시킬 수 있고 직무 생산성의 증대로 이어지게 된다. 이를 위해서는 회사 비전의 설정을 통한 조직 존재 이유의 공유, 개인 목표 설정을 통한 존재감 인식, 합리적인 성과 평가를 통한 성장 확인 및 자기 계발을 위한 해외 연수 기회를 부여한다.

그러나 위생 요인이 일정 수준 충족된 가운데 이러한 동기부여 프로그램이 진행되어야 그 효과를 지속적으로 볼 수 있다.

위생 요인(예방 요인)	동기 요인(만족 요인)
• 충족되지 않으면 불만족 상황이 발생되어 업무 마비 사태로까지 악화될 수 있음. • 충족되면 불만족 상황이 제거됨.	• 충족되지 않으면 사기 저하, 조직 분위기 침체 현상이 발생됨. • 충족되면 동기부여, 활발한 조직 문화 형성

■ 동기부여 이론의 비교

※ 인간의 욕구 체계는 다양하게 구성되어 있으며 이에 대한 이해가 없이는 동기를 부여하는 데도 어려움을 겪게 되어 리더가 조직을 이끌어 가는 데에 많은 난관에 부딪히게 된다.

인간의 욕구는 다양하게 분류할 수 있을 정도로 다채로운 다양성을 보이고 있으며 욕구 만족에 있어서는 일정한 원칙을 가지고 있다.

(단계적 만족의 원칙, 대리 보상의 원칙, 욕구 충족 우선 순서의 원칙)

행동 변화의 수단

■ 구성원의 행동 변화는 **리더십의 의지와 영향이 담긴 동기부여 프로그램**을 계기로 구성원의 마음 안에서부터 형성된다.

● 사람은 기본적으로 자기가 스스로 가장 관심이 있는 사항에 대해 우선적으로 행동의 동기가 형성된다. 리더가 구성원의 동기를 직접적으로 유발할 수는 없다. 오직 구성원의 행동의 동기 요인이 되는 것에 영향을 줄 수 있을 뿐이고 지속적으로 새로운 동기부여 요인의 발견을 위해 노력해야 한다.

● 두려움, 인센티브, 개인적 성장의 기회는 리더들이 자주 사용하는 행동 변화 수단의 세 가지 형태이다. 그런데 두려움, 인센티브는 주어진 상황에 맞게 적절히 활용해야 한다. 그렇지 않으면 오히려 동기부여 요인에 대한 면역력을 높여 행동 변화의 수단으로 활용하기가 어렵게 된다.

■ 구성원의 행동 변화를 위해서는 인간에 대한 심리와 행동 방식에 대한 이해가 충분히 되어 있어야 한다. 이에 대한 이해를 위해서 심리학의 주요 내용인 **[강화 효과]**, **[명분 효과]**, **[인지 부조화 현상]**, **[자기 지각 효과]**, **[귀인 효과]** 등의 다섯 가지 효과 이론을 살펴보자.

● 강화 효과: 인간은 특정 행동에 대해 보상을 받게 되면 그 특정 행동을 반복하게 되고 그 보상 주기가 비정기적으로 이루어질 때 특정 행동이 소

멸되기가 가장 어렵다(행동심리학자, 스키너의 주장).

행동의 강화에 있어서 처벌보다는 보상이 더 많은 효과를 얻을 수 있다. 즉, 긍정적 강화의 힘이 부정적 강화의 힘을 압도한다.

현장 적용 🔍

: 특정 직원의 행동을 변화시키고자 하려면 B등급을 받아야 할 직원에게 A등급을 주고 일을 열심히 잘하고 있다고 계속 이야기해 주는 것이 꾸중을 하고 비난하는 것보다 그 직원의 행동 변화를 훨씬 쉽게 이끌 수 있다.

강력한 동기부여와 행동 변화를 일으키는 강력한 심리적인 단초는 인간의 [이익], [명예], [불이익]에 있다고 할 수 있다. 즉, 인간의 태도와 행동은 "보상과 처벌"에 의하여 마치 교향곡이 변주되어 그 형태가 변화무쌍하게 바뀌어 지는 것과 같다.

활력 있는 조직을 창조하기 위해서는 리더가 조직이 달성하고자 하는 새로운 비전과 목표를 설정하고 조직이 그 비전을 향해 움직일 수 있도록 동기를 부여해야 한다.

● **명분 효과**: 명분이 뚜렷하고 설득력 있는 상황을 설정하면 아무리 고집이 세고 기존의 행동에 집착하는 사람도 지속적으로 명분을 부여하면 행동의 변화를 쉽게 유도할 수 있다.

● **인지 부조화 현상**: 기존에 가지고 있던 태도, 신념과 배치되어 반복적으로 행동을 하게 되었을 때에는 그 부조화를 해결하기 위해 태도, 신념을 변화시킴으로써 그 행동을 합리화시킨다.

이미 결행된 행동을 바꾸기보다 태도, 신념을 바꾸는 쪽을 선택하게 되는 현상이다.

● **자기 지각 효과**: 인간은 자기 자신의 태도를 결정함에 있어 자기가 행동한 것과 타인이 행동한 내용을 근거로 자신의 태도를 확정짓는다. 이는 자신의 태도가 애매하고 불분명할 때 더욱 그러하다.
  : 동조 심리, 부화뇌동 심리가 강하게 작용하게 된다.

● **귀인 효과**: 인간은 자신이 특정 행동의 원인을 상황적인 것에 돌리려는 성향이 있고 타인의 특정 행동의 원인은 변하지 않는 기질적인 것에 두려는 성향을 가지게 된다.

현장 적용 🔍

자신이 행한 난처한 행동에 대해서는 어쩔 수 없는 상황이었기 때문에 할 수밖에 없는 행동이었다고 변명을 하게 되고, 타인이 행한 난처한 행동은 그 사람 고유의 성격이나 기질에 있다고 판단하게 된다. 리더는 이러한 인간 고유의 심리를 이해한 후에 구성원의 말과 행동에 대해 관찰을 하고 살펴보아야 한다.

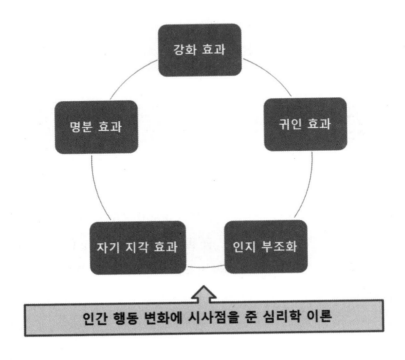

05

혁신 마인드

"제 때의 한 수는 때늦은 백 수보다 낫다."
– 한국 속담 –

"뛰어난 아이디어는 주위에 항상 존재한다."
– 짐 콜린스 –

혁신적인 기업이었으나 침몰했던 기업 "노키아": 부활의 움직임

20여 년 전만해도 [노키아]는 전 세계 휴대폰 시장의 35% 이상을 점유하는 글로벌 무선통신 제조업체이었다. 이 업체는 현재는 혁신을 이루지 못해 몰락기업의 대표적인 기업 사례로 알고 있지만, 당시에는 혁신의 아이콘 기업으로 불리었던 업계의 샛별 같은 기업이었다.

그러나 [노키아]는 혁신은 이루었지만 혁신을 펼칠 수 있는 제때의 타이밍을 놓치는 바람에 글로벌 제 1의 위치를 내 놓은 불운의 기업이기도 하다.

[노키아]는 1860년대에 제지업으로 출발하여 140년에 이르는 오랜 역사와 전통을 자랑하는 핀란드의 대표적인 기업이었다. 그러다가 1980년대 말에 우리나라가 겪은 IMF금융위기를 핀란드도 맞이하는 바람에 [노키아]는 경영 위기에 처하게 된다. 그러나 새로 부임한 최고 경영자의 [선택과 집중을 통한 경영 전략의 실행]을 통한 혁신을 통해 경영위기에서 빠져 나올 수 있었다.

금융위기로 어려워진 [노키아]를 구하기 위해 새로 부임한 CEO는 그의 취임과 동시에 업계 상위권이 아니거나, 상위권이 될 가능성이 낮은 사업은 과감히 정리하였다. 또한 기존 사업에 도움이 되지 못하는 부문은 과감하게 구조 조정(restructuring)하고 경쟁력을 강화시키는 혁신을 강하게 추진시켜 나갔다. 그리고 매출 비중이 10% 정도에 지나지 않는 이동무선통신 부문을 미래 유망사업으로 점 찍고 있었다. 그러면서 [노키아]는 세계 1위의 이동무선통신 제품을 만들기 위해 매출액의 8～9%이상을 연구 및 개발부문에 아낌없이 투자하였다. 그리고 세계 주요국가에 R&D 센터를 설치하고 직원의 30%을 유망사업군에 전진 배치시켰다.

그 결과 [노키아]는 오래지 않아 세계 글로벌 휴대폰 시장의 35% 이상을 차지하는 글로벌 기업으로 부상케 되었다. 이렇게 한창 잘 나갔을 시기에 새로운 개념의 '스마트폰' 에 대한 구상과 기본 설계 작업도 모두 마쳤다고 한다.

그러나 기존의 단순한 '일반 휴대폰' 시장에 대한 미련을 과감하게 떨치지 못하는 바람에 새로운 '스마트폰' 의 본격적인 개발과 출시를 위한 적기의 타이밍을 놓치고 말게 된다. 이와 함께 혁신의 기회도 놓치고 만다.

[노키아]는 이로 인해 그 동안 쌓았던 휴대폰 시장에서의 아성은 모두 무너지고 굳건하게만 여겨졌던 매출원도 눈 녹듯이 사라지고 마는 불운을 겪게 된다. 그 무렵 휴대폰 산업에서 후발주자로 속하던 [애플]과 [삼성]에 의해 결국은 '스마트폰'에 대한 때늦은 혁신으로 인해 그 위치를 빼았기고 평범한 제조기업으로서만 존재감을 나타내는 신세로 전락하고 만다.

몰락하여 침체에 빠진 [노키아]를 살려내기 위해 2014년에 새로 취임한 CEO [라지브 수리]가 취한 전략은 '선택과 집중'이었다. 못하는 것은 과감하게 버리고, 잘하고 있는 것에만 집중하자는 것이다. 그는 취임 후 전 직원에게 "과거를 붙잡고 있는 것은 앞으로 나아가는데 아무런 도움이 되지 않는다. 큰 꿈을 꾸자."라는 내용을 담은 이메일을 보내 그가 취할 경영 전략을 예고한다.

[노키아]가 살아남으려면 무선 네트워크에 집중해야 한다고 판단하여 먼저 네트워크 사업과 관계된 사업부는 더욱 강화시키고 불필요한 사업부는 모두 정리한다. 유선과 무선을 아우르는 종합 네트워크 기업이 되기 위해서다.

무선 네트워크 분야에서 3위 사업자였던 [노키아]는 시장점유율 1위 기업이 었던 스웨덴 기업 [에릭슨]과 에릭슨의 자리를 위협하던 중국 기업 [화웨이]와 겨룰 수 있는 경쟁력을 확보한 것이다. 이러한 선택과 집중을 통해 [노키아]는 LTE와 5G 장비 분야에서 [화웨이]와 겨룰 수 있는 경쟁력을 확보했고, 2017년 오랜 침체를 깨고 흑자 전환에 성공했다.

무선 네트워크 산업에 종사하는 모든 관계자가 공통적으로 하는 말이 있다. "결국은 둘 만 살아남을 것이다." 규모의 경제를 달성해 양질의 무선 네트워크 장비를 전 세계 이동통신사들에게 저렴하게 공급할 수 있는 초거대기업 둘 만 이 살아남아 네트워크 장비 시장을 양분할 것이라는 예측이다. 현재 [화웨이], [에릭슨], 그리고 [노키아]가 살아남는 둘에 포함되기 위해 뜨겁게 경쟁하고 있 다.

살아남기 위해 [노키아]가 택한 전략은 진정한 글로벌 기업으로 거듭나는 것 과 기술에 투자하는 것이다. 즉 사람과 기술로 위기를 극복하려는 것이 [노키 아]의 전략이다. 첨단 제조업부터 의료 부문에 이르기까지 광범위한 산업 분야 에서 5G 시장이 본격적으로 열릴 시점을 앞두고 [노키아]는 혁신 마인드로 무 장한 기업의 리더와 기술개발 역량을 중심한 성장전략을 마련하여 과거의 영화 를 향한 부활을 조용하면서도 뜨겁게 준비하고 있는 것이다.

혁신적인 기업이 되려면 갖추어야 할 점

■ 성공적인 기업을 유지하려면 지속적으로 혁신할 수 있는 능력이 있어야 한다.

즉, 새로운 아이디어를 지속적으로 혁신할 수 있는 능력이 있어야 한다. 그러한 기업만이 전략적인 기업의 대열에 들어설 수 있는 것이다.

: 완벽한 아이디어란 바로 차별화된 혁신을 가리킨다.

● 혁신적인 기업을 만드는 데에는 주위에 숨어있는 기존 창조성을 발굴함으로써 채택된 창조성을 구체적으로 표현하여 실제적으로 시장과 고객에게 새롭게 선보이는 데에 능숙한 기업이 충분한 자격이 있다.

"완벽한 아이디어란 바로 차별화된 혁신을 가리키며 혁신은 실현된 아이디어라고 할 수 있다."

● 혁신적인 기업이 되는 데 갖추어야 할 것은 다음의 다섯 내용이 제도적으로나 정서적으로나 양면에 걸쳐 조직 내에 깊숙이 뿌리박고 있어야 한다.

첫째, 주위의 아이디어 쉽게 수용하기
둘째, 고객(상대방) 입장에서 생각하기
셋째, 도전과 실패 장려하기
넷째, 자율적이고 수평적인 조직 만들기
다섯째, 창의적인 인재 확보와 합리적인 보상제도 갖추기

아이디어 수용하기

■ 전문가라고 불리는 사람들은 대부분 새로운 비즈니스 아이디어의 단점을 지적하는 데 뛰어난 능력을 발휘하거나 온갖 이유를 대며 특정 아이디어가 실용성이 없다는 사실을 밝히는 데에 시간을 보내기 십상이다. 그리고 정작 아이디어를 실행하는 데는 인색하거나 서투르다.

혁신적이고 전략적인 기업의 특징은 제시되는 모든 아이디어를 세밀하게 실험하고 보강하여 신속하게 실현하고자 한다. 이를 위하여 시간과 자원을 투입하며 살펴보는 것을 미덕으로 삼는 기업 문화를 지니고 있다.

● 새로운 아이디어를 수용하는 환경을 조성하는 것이 제일 먼저 해야 할 일이다. 그런 후에 주위를 살펴보면 뛰어난 아이디어는 항상 있게 마련이다. 단지 아이디어를 받아들이려는 자세가 부족할 뿐이다.

● 아이디어로 시장을 주도할 것인가? 아니면 시장에서 일어나는 것에 적절히 반응하는 것에만 집중할 것인가?

혁신적이고 활력 있는 기업을 만들고자 한다면 여러가지로 부족하다 할지라도 자체 발굴한 아이디어를 다듬고 보강하여 시장을 주도해 나가는 방법을 선택해야 할 것이다. 다만, 시장 점유를 빼앗기지 않고 현상 유지만을 목표로 하고자 할 때는 시장에 새롭게 출시되는 제품이나 서비스에 대해 유사품이나 모방품을 재생하는 작업에 몰두하는 것도 한 방법이다. 이런 대응 작업도 궁극적으로 지향하는 것은 창조적이고 혁신적인 아이디어를 키우기 위한 토양 작업인 것이다.

획기적인 제품은 대개 돌발적인 아이디어에서 출발하게 되나, 그 이후 조금씩 발전하는 혁신 제품들은 고객의 요구 사항을 반영하면서 껍질을 벗기듯이 그 모습을 드러낸다. 배타적으로 하나의 접근 방식에만 기대지 않고 두 가지 접근 방식을 모두 활용할 때 비로소 혁신적이고 전략적인 제품이 탄생하게 되는 것이다.

■ **혁신적인 기업이 되기 위해서는 부정적인 사고 습관이 조직에 스며들지 못하게 해야 한다.** 시대를 앞서가는 뛰어난 아이디어들이 처음에는 얼토당토않은 아이디어로 받아들여진다는 사실을 명심해야 한다. 이른바 전문가들이 초기에는 안 좋은 아이디어라고 판단했지만 결국 역사적으로 한 획을 그은 제품이 된 사례를 우리는 주변에서 흔히 발견할 수 있다.

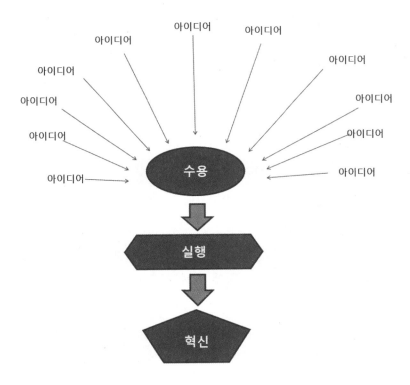

"이 '전화기'는 단점이 너무 많아 통신 수단으로 고려할 가치가 없고 아무 소용
도 없는 물건으로 보입니다."

– [벨]이 개발한 전화기에 대한 어느 통신회사의 답신(1876)

"비행기는 재미있는 놀이기구일 뿐 군사적인 가치는 전혀 없어 보이네."

– 제 1차 세계대전 당시 프랑스 장군이 연합군 서부전선에서 한 말(1911)

"배우가 말하는 것을 듣고 싶어 하는 사람이 있다고 당신들은 생각하나?"

– 워너 브러더스의 사장이 최초의 유성영화 제작을 거부하며 한 말(1927)

"어두컴컴한 실내에서 지속적으로 보아야 하기 때문에 텔레비전은 결코 대중
에게 인기를 못 얻을 걸세."

– 텔레비전에 관련한 아이디어에 대해 당시 하버드 대학교수가 한 평가(1936)

"음향이나 기타 치는 소리나 마음에 드는 게 하나도 없어!"

– 비틀즈 음반 취입을 거부하면서 영국 최대 레코드 회사 사장이 한 말(1962)

─○ 고객(상대방) 입장에서 생각하기

■ 스스로 고객의 입장에서 문제를 해결하고 욕구를 충족시켜라.

☕ 혁신을 꿈꾸는 기업이라면 고객이 원하는 것은 적극적으로 실행하고, 고객이 원하지 않는 것은 하지 않아야 한다.

■ 고객들이 아이디어를 피드백하기 쉽게 여러 가지 제도를 만들고 반영 여부를 즉시 결정하라.

☕ 지금도 다수의 창조적인 아이디어가 당신의 조직 내부에서 소용돌이 치고 있다고 생각하면 이런 제도의 시행을 늦춘다는 것은 매우 어리석은 일이라 생각되어 질 것이다.

■ 혁신적인 기업들은 혁신의 성공을 위해 시장조사 주도 접근 방식보다는 아이디어 주도 접근 방식을 채택하고 있다.

☕ 시장조사를 많이 실시하여 성공 제품을 이끌어 내는 것이 아니고 시 제품을 일단 최선을 대해 만들어 출시한 다음, 그 후에 고객이 원하는 바가 무엇인지를 적극적으로 알아내고 추적하여 반영하고 개선시켜 온 것이다.

● 성공한 혁신 제품의 대부분은 '시장 중심' 아이디어와 '기술 중심' 아이디어가 조화와 균형을 이룰 때 완성되어 진다.

극단적으로 하나의 접근 방식에만 의지하지 말고 두 가지 접근방식을 적절히 활용할 때 혁신적인 제품을 창출할 가능성이 높아진다.

● 발명가가 제품에 대한 아이디어(기술 중심)를 떠 올리고 이를 고객(시장)의 요구(시장 중심)에 맞춰 다듬어지고 가꾸어 지는 과정을 거쳐야 비로소 혁신적인 제품이 완성되어 지는 것이다.

사 례 🎯 3M [post-it]의 탄생 스토리 & 국내 대학 창업센터 실험실

시장에서 성공한 혁신적인 제품이나 서비스의 대부분은 시장 주도나 전통적인 시장 조사를 통해 개발된 것이 아니다. 3M [post-it]은 시장 조사에 의해 태어나지 않고 실험실에서 직원들의 아이디어로 탄생된 대표적인 사례로 꼽혀진다.

실험실 직원들의 우연한 실수가 계기가 되어 개발된 독특한 접착제가 메모지에 활용되는 것에 대한 처음의 시장 조사 결과는 부정적이었다. 그런데 상당량의 [post-it] 제품을 무료로 배포하여 실제로 사용하게 하자 소비자들은 이 기묘한 소형 접착식 메모지에 매료되었고 결국은 [post-it]은 엄청난 베스트셀러 제품이 되었던 것이다.

이런 성공 사례에 자극을 받았는지 최근에는 국내의 대학교 창업지원센터를 찾아가 보면 [실험실 아이디어로 시제품을 만들어 외부 투자 받기]라는 이름의 프로그램이 눈에 자주 띈다. 몇몇 창업 파트너들이 둥글게 앉거나 긴 탁자에 앉아서 이야기꽃도 피우면서 시제품 생산을 시연해 보기도 한다. 이는 실험실의 생생한 현장 모습을 참관자에게 생동감있게 보여 줌으로써 아이디어 및 제품 구상에 대한 이해도를 배가시키려고 하는 노력의 일환으로 보여졌다.

"백 번 듣는 것보다 한 번 보는 것이 더 낫다."는 고사성어를 아이디어 표현 현장에서 혁신적으로 실행해 보이는 모습으로 다가 온 것이다. 이런 과정은 창업 [실험실] 간에 서로 자극이 되어주고 투자자들로 부터 호의적인 관심과 높은 이해도를 불러 일으키는 것을 발견할 수 있었다.

도전과 실패 장려하기

■ 실험하고 실패하고, 실패를 정정하는 에디슨의 정신이야말로 혁신의 원동력이다. 이러한 혁신의 원동력을 보유한 기업을 명실공히 전략적인 기업이라고 부를 수 있을 것이다.

● 많이 실험하고 자주 실수하면 거기에서 반드시 성공의 단초를 발견하게 되고 실패의 길로는 들어서지 않는다.
  : 실패를 했을 때 실패로부터 배우고 두 번 다시 실패하지 않도록 하는 것, 혁신이란 바로 이런 것이다.
● '**좋은 실수**'란 무엇인가를 멋지게 해내기 위해 성심 성의껏 노력했음에도 안 되는 것을 말한다.
● '**나쁜 실수**'는 정성을 기울이지 않거나 주의, 관심 등이 부족하여 멋진 아이디어를 제대로 실현하지 못하는 것을 가리킨다.
● '**최악의 실수**'는 같은 실수를 계속 반복하는 것이다

  우리는 실험실에서의 아이디어 수용, 시장 조사, 고객 애로 사항의 파악 등을 통해 새로운 아이디어에 대한 영감을 얻게 된다. 그러나 성공적인 아이디어는 처음부터 완성된 모습으로 나타나지 않는다. 혁신은 그 자체가 알려지지 않은 것으로 가득 차 있다. 그래서 혁신하려면 시도를 해야 하고 실패도 맛보아야 한다. 이 과정을 밟지 않으면 혁신을 이룰 수 없다. 대부분의 혁신적인 제품은 초기의 아이디어를 그냥 무조건 실험해 보고 어떻게 되는지 지켜본 후에 다듬고 보완해서 개발되는 과정을 거쳐 온 것이다.

그렇다고 해서 실패를 즐거이 받아들이기는 정서상으로나, 재무적으로나 쉽지는 않다. 실패를 받아들이기 위해서는 이에 대한 굳건한 경영 철학이 뒷받침되어져야 한다. 그 경영 철학을 소개하자면 다음과 같다.

첫째, 혁신적인 기업은 결코 제품 실패를 두려워하지 않고 기꺼이 감수하며 그 실패에서 배우고 부족한 것을 새로이 발견하는 기회로 삼는다. 과정상의 실패가 없는 경우는 거의 드물다. 오히려 실패의 과정 없이 순탄하게 이어오는 아이디어가 있다면 그것의 수명은 오히려 짧을 수 있다는 우려를 가지게 된다.

둘째, 사격 표적지에 영점 조정하듯이 실패의 과정을 목표점을 향한 조정 과정으로 여긴다는 것이다. 그래서 아이디어를 제품화하는 것을 소량으로 하여 시장의 반응을 살펴보고 개선 사항을 수집해 나간다. 소량으로 부담없이 여러 번 실험하고 문제점을 파악하여 끊임없이 개선하고 수정하는 것이다.

제품을 시장에 출시하면 부족한 부분을 빨리 파악하고 피드백 사항을 반영하여 지속적으로 개선하고 혁신해 나가는 '도전과 실패를 장려하는 조직 분위기'가 혁신을 위한 중요한 바탕이 되어 왔던 것이다.

자율적이고 수평적인 조직 만들기

■ 아이디어 수용력을 높이기 위해서는 사내에서 창출되는 아이디어는 물론 외부의 아이디어까지 폭넓게 수집할 수 있는 조직을 별도로 만들어 놓아야 한다.

● 아이디어에 대해 반박하고 비난하기 보다는 보강하고 실현하려는 데 중점을 둔다.

뛰어난 아이디어들도 처음에는 조금은 이상한 아이디어로 치부되었다. **뛰어난 아이디어는 항상 있게 마련이다. 단지 아이디어를 받아들이려는 자세가 부족할 뿐이다.** 열린 마음으로 끊임없이 좋은 아이디어에 집중하는 자세가 항상 필요하다.

조직원들이 아이디어를 접할 수 있는 기술, 산업 박람회, 여행, 그룹 활동에 참여하도록 기회를 많이 주어야 한다. 혁신은 종종 관련이 없어 보이는 아이디어 사이에서 연관성을 찾아 그것들을 혼합하는 과정에서 나온다.

● 혁신적인 기업으로 시작한 모든 회사가 성장하고 시간이 흐름에 따라 그 능력을 잃어버리고 초기에 성장을 이끌었던 생생한 정신은 조직 관료주의와 관리 목적의 집중화에 주눅이 들어 버리게 된다. 그래서 초심은 당사자만 노력해서 유지되는 것이 아니라 조직이 같이 도와줘야 한다.

하부 조직을 작게 나누어 자율권을 주면서 비전과 사명에 충실하도록 하면 기업 조직이 커지더라도 작은 조직의 이점을 상당 부분 누릴 수 있게 된다. 그리고 커뮤니케이션과 비공식적인 접촉 활동을 확산하여 중앙 집중적인 관리의 부족한 면을 극복해야 한다.

혁신은 중앙 집중적이고 비밀스러운 토양보다는 자유롭고 공개 시스템 성향의 토양에서 쑥쑥 자라게 된다. 혁신은 무질서하게 보이는 자유, 뒤엉킨 비효율성과 함께 발견된다. 그리고 지속적으로 혁신하고자 한다면 다소의 무질서와 비효율성을 감수해야 한다. 그러면 그 댓가로 열정과 창조성을 얻게 된다.

인재 확보와 합리적인 보상 제도 갖추기

■ 혁신은 비즈니스와 관련된 문제이기 이전에 사람이 하는 일이다. 그러므로 혁신을 하는 데서도 인간의 감정을 이해하는 것이 중요하다.

● 기업이 계속해서 혁신적인 상태를 유지하려면 반드시 **창의적인 인재를 채용, 육성, 보유해야** 한다.
● 혁신적인 분위기를 지속적으로 유지하려면 창조적인 인재를 보유하면서 창조적인 프로세스를 통해 도움이 될 수 있는 교육 훈련 프로그램을 제공해야 한다.
● 조직은 개혁적이기보다는 안정감을 주는 다소 보수적인 유형의 인재를 본능적으로 원하게 된다. 그러므로 조직은 소수의 창의적인 인재를 발굴함으로써 조직의 균형을 맞추면서 관료적 분위기를 물리치는 노력을 의도적으로 펼쳐야 한다.
● 특정 방면의 경험과 지식이 풍부한 전문가와 통찰력과 도전성으로 무장된 구성원으로 조직의 구성을 이루도록 해서 조화와 균형이 형성되도록 해야 한다.

■ 창조적인 인재들은 급여나 안정적 지위를 위해서 움직이다가도 관심이 있는 일을 하고자 하는 욕구, 어려운 문제를 풀고자 하는 도전 의식, 조직 발전에 기여했다는 만족감에 수시로 일에 대한 동기부여를 받게 된다.
　따라서 기업이 계속해서 혁신적이기를 바란다면 동기부여 원리에 기반한 합리적인 보상 제도를 혁신적으로 운영해야 한다. 그리고 측정 가능한 혁신 목표를 세우고 그 목표에 기초하여 평가하고 보상하는 제도를 마련해야 한다.

☞ 혁신과 그 결과물인 창조적인 아이디어는 여건만 갖추어지면 떠오르게 마련이다. 혁신은 기업을 건강하고 활기차게 움직이게 하고 그리고 번영으로 이끌어 간다.

여기서 잠깐

기업 문화를 혁신적인 방향으로 그 키를 잡고 유지하려면 아래의 몇 가지 믿음을 기업이 굳게 가지고 있어야 한다.

첫째, 많은 사람이 창조성을 발휘할 능력을 갖추고 있다는 믿음
둘째, 뛰어난 아이디어는 뛰쳐나올 타이밍만을 노리고 우리 주위에 깔려 있다는 믿음
셋째, 도전과 실패가 우리에게 교훈을 준다는 믿음
넷째, 조직원이 자유롭게 활동할 수 있도록 해야 한다는 믿음
다섯째, 동기부여와 보상으로 혁신을 독려한다면 튼튼한 혁신 기반이 갖추어진다는 믿음

이 믿음들은 비약적으로 조직에 확산시키고 강조해 나가면서 발전시켜 나갈 충분한 가치를 지니고 있다. 이러한 작업에 성공한 많은 벤처기업들은 한결같이 신제품 출시 경쟁에서 새롭고 혁신적인 제품으로 주목을 받는 모습을 보여주고 있는 것이다.

창조적 사고는 곧 혁신적인 사고로 연결된다.

■ 혁신적인 사고는 창조적인 사고에서 비롯된다. **창조적 사고는 '습관적인 시각으로 사물을 바라보지 않는 것'**에서 시작되어 진다. 사물을 다르게 볼 수 있는 눈과 모호함에 대한 관대함 그리고 자유로운 발상이 창의적 사고를 자극하여 창조력을 분출하게 된다.

☞ **아이디어는 현재 관심이 집중되고 있는 문제나 이슈에 적용될 때만이 쉽게 수용이 되고 독창적으로 받아들여 진다.**

● 실제 경영 현장에서의 혁신은 대부분의 경우 타 기업의 우수한 점을 모방하여 시작하는 경우가 많다. 흔히 [벤치마킹]이라는 명분으로 동일한 분야에서 가장 우수한 성과를 내고 있는 기업을 모델로 삼아 자극을 받고 모방 활동을 통해 혁신을 꾀하는 것이다.

이때 벤치마킹을 시작하면서 모든 부분을 다 창조적으로 변형시킬 필요는 없고, 특정한 부분만 독창적으로 창조적으로 변형시켜도 충분한 창조와 혁신의 바탕이 마련되어 질 수 있다.

여기서 잠깐

벤치마킹(모방)을 통해 새로운 것을 변형하고 창조하는 방법(+, ×, −)

첫째, **활용하기(+)** : 기존의 아이디어의 일부를 가져다 쓰거나 다른 용도로 활용한다.

둘째, **융합하기(×)** : 기존의 아이디어를 응용하여 새로운 것을 만들거나 전환, 재배치한다.

셋째, **축소/제거하기 (−)** : 전체에서 특정의 아이디어를 축소하거나 제거하여 다르게 모양을 만든다.

정반합 사고 : 진정한 혁신은 단계적으로 이루어진다.

■ 혁신은 정반합(正反合)의 사고의 단계적인 절차를 통해 균형과 절제의 모습을 보이며 이루어 지는 것이다.

☞ 정반합 사고란 기존의 어떤 하나(正)가 있다면, 그것을 부정하거나 또는 전혀 다른 것(反)을 생각해본 후 이들 요소를 합하여 새로운 것(合)을 생각해 내는 사고방식을 말한다.
　　　　(예시) 이동 전화(正) + 카메라(反) = 스마트 폰(合)

☞ 정반합 사고는 고정관점에서 벗어나는 것을 의미한다. 즉, 기존의 것을 부정하는 데서 시작하여 정반합 과정을 반복하고 그 과정 속에서 새로움을 만들어 가는 것이다.

☞ 조직에 혁신과제가 주어졌을 때에는 처음 단계에는 기본에 충실하고 다음 단계에는 역발상의 사고 관점에서 생각해 본 후, 끝으로 통합의 사고로써 해결하는 것이 바람직한 방법이다.

■ **정(正)의 사고는 기본에 충실할 것을 강조한다.** 기본기 없는 학생이 난이도가 높은 문제를 풀지 못하듯, 기본기 없는 기업은 시대의 빠른 변화와 흐름에 잠깐은 맞출 수는 있어도 근본적으로 오랜 기간 동안 대응하지는 못한다. 그래서 기본의 힘을 "정(正)"이라 칭하고 이를 먼저 준비하고 다듬어야 하는 것이다.

■ **반(反)의 사고**는 기존의 가치를 뛰어넘는 **남다른 발상으로 생각할 것을 요구한다.**

☞ 정규전이 아닌 기습전의 수단으로 "트로이의 목마"를 생각해 냄으로써 지루한 10년간의 트로이 전쟁을 승리로 마치게 한 그리스의 역발상 사고가 바로 좋은 사례라 할 수 있다.

☞ 복잡하고 급변하는 상황에서는 과거의 모범 답안이 제대로 작동하지 않게 되는데 이전과는 다른 생각, 기존의 선입견을 탈피한 역발상이 필요해 지게 된다.

■ **합(合)의 사고**는 끊임없이 변화를 추구하며 기본과 그 반대편의 것을 동시에 추구하는 과정에서 **제3의 길을 발견하는 사고 방법을 말한다.**

☞ **기존에 있는 것(正)을 새로운 시각(反)으로 바라보고 그것을 자신이 갖고 있는 것과 융합함으로써 혁신(合)이 만들어 지는 것이다.** 단순한 모방으로는 혁신을 이루지 못한다. 모방에 자신만의 창의성을 가미해야만 혁신으로 향하는 문을 열 수 있는 것이다.

06

실행 활동

"결단을 내리면 즉시 실행하라. 김이 새어 나가기 전에."
– 손자 –

"머릿속으로 자신이 바라는 것을 생생하게 그리면 온 몸의 세포는
모두 그 목적을 달성하는 방향으로 조절된다."
– 아리스토텔레스 –

"좋은 결과는 문제를 해결한 대가로 얻은 것이 아니라,
기회를 잘 활용함으로써 얻는 것이다."
– 피터 드러커 –

실행 능력이 [전략]을 이루어 낸다.

■ [전략]은 구체적인 실행을 위해 제시한 내용을 함축적으로 정리하고 요약해 놓은 것이므로 이제 실행 과정을 통해 비로소 [전략]은 그 진가가 나타난다.

전략이 결정되면 그 다음 단계는 이를 실행에 옮기는 것이다. 전략이 조직을 통해 실행되도록 하려면 전략 수립과는 또 다른 과업과 분석이 필요하다. 전략 수립이 대체로 환경에 의해 유발되는 기업가적 활동이라면, 전략 실행은 주로 관리 과정과 관련된 활동이다.

성공적인 전략 개발은 기업의 비전, 산업 및 경영자 분석, 기업가적 창의성 등에 따라 좌우된다. 반면, 성공적인 전략 실행은 기업의 사업 활동 수행 방식과 조직 구성원들의 동기부여 정도, 구성원들을 통해 일이 이루어지도록 하는 것에 의해 큰 영향을 받는다. 전략 실행은 행동 지향적이며 조직의 변화를 이끌어 내고 업무 프로세스를 설계하고 구성원들을 동기부여함으로써 목표 성과를 달성하는 것이다.

비전은 기업의 미래상을 나타내고 창조성이 기업을 남다르게 보이게 하는 중요한 요소이지만 구체적으로 제품이나 서비스를 상품이란 유형적인 형태에 담아서 고객에게 전달하는 행위 자체는 기업 그 자체를 표현하고 나타내는 일이다. 상품을 만들어내는 프로세스와 관계되는 각 부문의 전략적 과제가 정해지면 그것을 세분화되고 실행 가능한 작은 활동 단위로 바꾸는 것이 전략을 실행하고자 하는 첫 걸음마가 되는 것이다

● 전략의 실행은 전략의 설정 및 관리에 관련한 전략 실행 시스템에 의해

그 성패가 좌우된다. 따라서 전략이 설정되어지면 각 기능별로 그 전략을 실행할 수 있는 구체적인 활동 과제를 시간적, 공간적, 재무적, 유형적 자원을 활용하며 실행하고자 하는 사업 계획을 수립하는 것이 자연스럽고 당연한 다음 절차가 되도록 리더는 조직에 리더십을 발휘해야 한다.

● 실행에는 전략 계획이 효과적으로 작용하도록 하는 일별, 월별 활동으로 기업내의 자원과 사람을 이동시키는 것이 필수적으로 이루어져야 한다. 분석과 전략 계획의 수립이 어떤 내용의 활동을 왜 하는가? 인 반면, 실행은 누가 어디에서 언제 어떻게 하는가? 하는 것이다.

여기서 잠깐

실행은 어렵고도 복잡한 과정이다. 경영 현장에서 인터뷰를 하게 되면 전략 기획 수립 담당자의 90%가 자기네 전략이 성공하지 못했다는 사실을 토로하게 된다. 그 이유는 전략이 잘 실행되지 못했기 때문이라는 대답을 얻게 된다.

수립되어진 전략의 실행이 이같이 잘 안 되는 것은 무엇 때문일까?

많은 기업들의 경영전략은 실제적으로 왜 실행으로 연결하지 못하는 것일까? 오랜 기간 컨설팅을 통해 알아본 여러 가지 요인들이 실행상의 문제를 야기하고 있었다.

☞ 고립된 계획 수립

기업의 전략 계획은 전략을 실행해야 하는 일선의 관리자와의 의사소통이 잘 이루어지지 않고 있는 기업 수준의 "전문적 계획 담당자"에 의해 마련되는 수가 많다. 이로 인해 여러 가지 문제가 야기되고 있다.

광범위한 전략에 관심을 가지고 있는 경영 기획 부서의 계획 수립가는 세부적 실행 사항에 대해서는 신경을 쓰지 않으며 너무 피상적이거나 일반적인 계획을 세우게 된다. 일선 관리자는 실무상의 현실적인 문제에만 집착하여 전략상의 넓은 시야와 목표점, 개선점을 간과하고 하루하루를 그냥 넘기고 있는 상황에 자주 접하게 된다.

고립되어 있는 계획 부서는 실행 부서의 일상 활동에 관해 적절한 의사소통을 못할 수도 있으며 실행 부서는 전략을 완전히 이해하고 있지 못하기 때문에 전략을 실행하는 데 곤란을 겪게 될 수도 있다. 고립된 계획 수립은 계획 수립 부서와 일선의 실행 부서 사이에 갈등을 유발시키게 되는 것이다.

전문적인 기업 수준의 계획 수립가는 일선 실행 부서의 관리자들이 업무와 시장 조건 등에 있어서 더 잘 이해하고 있기 때문에 일선 관리자들이 자기 자신의 전략을 발견하도록 도와주어야 한다. 그리고 실행 관리자들이 계획 수립 과정에 참여를 한다면 보다 기꺼이 전략을 실행할 수 있게 될 것이다.

오늘날 많은 기업들이 대규모의 중앙집권적인 계획 수립을 줄이고 전략 계획 수립을 일선 업무 수준에서 많이 행하고 있다. 실례로 중앙집권적 전략 계획 수립을 선호하던 GM은 계획 수립 과정을 상당 부분 분권화하고 전략적 계획 수립을 일선 관리자의 책임으로 전환시켰다. 그리고 계획 수립 부서는 고립되지 않고 실행되어지는 효과적인 전략을 설계하기 위해 직접적으로 일선 부서의 직원들과 협력하고 있다.

☞ 장기 목표와 단기 목표의 상충

기업은 장기적으로 경쟁적 우위를 가져다 줄 경영 전략을 설계한다. 경영 전략은 향후 3년에서 5년 동안의 활동을 포괄하고 있는 것이 보통이다. 그러나 이러한 전략을 실행하고 있는 일선 관리자들은 보통 단기적인 성과에 의해 평가받고 보상받고 있다. 장기적인 전략과 단기 성과 사이의 선택에 직면하였을 때 관리자들의 관심도는 대개 단기 성과 쪽으로 기울게 된다.

예를 들어 설명하자면, 한 기업의 장기적 제품 개발 전략이 연간 이익으로 평가 받고 있는 경우 그 회사의 영업 관리자가 현재의 수익과 자신의 성과급을 올리기 위해 제품 개발 비용을 지연시키고 기존 제품만을 우선시하는 바람에 수립된 전략이 실패하는 경우가 자주 발생하게 된다.

　또 다른 어떤 기업은 제품의 다용도 이용 가능성과 고객 서비스를 강조하는 마케팅 전략을 세웠다. 그러나 단기적인 이익 목표 달성이라는 압력 때문에 일선 관리자들은 재고를 최소화하고 기술 서비스 조직을 감축함으로써 원가를 절감시켰다. 이 관리자들은 단기적 성과 목표를 달성하여 높은 평가를 받긴 했지만 회사의 전체적인 전략과 포지셔닝에는 해를 끼치게 되어 결국 수년 이후에 시장에서 경쟁력을 잃고 마는 회사로 전락하였다.

　필자가 경영 컨설팅을 맡았던 몇몇 회사들은 이러한 상충 관계의 문제점들을 찾아내고 단기 목표와 장기 목표 사이의 보다 나은 균형을 이루기 위한 조치를 취하고 있다. 여기에는 관리자들로 하여금 전략 목표를 보다 잘 인식하게 하고, 관리자들은 장기 및 단기 성과 두 가지 모두를 평가하며 장기적 전략 목표를 달성했을 때 그에 대한 보상을 해 주는 것을 최우선시하고 있다.

☞ **세부적 실행 계획의 결여**

　어떤 전략 계획은 세부적인 실행 계획을 입안하지 못했기 때문에 잘 실행되지 못하는 경우가 있다. 계획 수립가는 세부 사항을 개별 관리자에게 일임해 두고 신경을 쓰지 않는 경우의 기업은 그로 인해 전략이 추구하고자 하는 내용들이 잘 실행되지 않거나 전혀 실행되지 않는 것이다.

　경영진은 단순히 경영 전략이 실행될 것이라고 생각하면 안 된다. 전략을 실제로 실행하는 데 필요한 구체적 행동들을 확인하고 조정하는 세부적 실행 계획을 마련해야만 하는 것이다. 그리고 특정 목표에 도달하는 일정표를 작성하고 주요 실행의 책임을 개별 관리자에게 할당해야 하는 것이다.

비전과 전략 수립에서 전술을 통한 실행 단계로

■ 비전과 전략을 가지고 있다면 그 다음으로 할 일은 그것을 견고한 전술로 실행하는 것이다.

조직의 비전과 전략, 당해 연도의 전략적 우선 사항을 항상 염두에 두어야 한다. 그리고 모임과 회의 때마다 전략적 우선 사항을 다루고 지속적으로 강조해야 한다.

광범위한 비전과 전략을 특정 시한에 맞춰 특정 팀에서 실행 가능한 특정 작업 단위로 바꾸는 일은 필수적인 단계에 속한다. 또한 직원들이 일을 성공적으로 성취해 내기 위한 실행력을 높일 수 있는 기본 여건 및 적합한 환경을 만들어 놓아야 한다.

비전과 전략이 세워지면 이를 연간 목표로 구체화하고 연간 목표는 부서별 목표로 세분화한다. 부서별 목표는 다시 개인별 연간 목표로 설정되어져야 한다.

실행 프로세스는 구성원들의 개인적인 비전과 회사의 비전을 융합시켜 분기별 목표, 월간 목표, 주간 업무, 일일 활동으로 구체화하는 것이 가장 이상적이다.

직원들이 무엇을 해야 하는 지 명확하게 알고 있을 때 직원들은 업무를 훌륭하게 수행할 수 있고, 업무에 대한 제반 기술을 갖추고 자율권을 행사할 수 있게 했을 때 업무를 훌륭하게 수행한다. 노력한 점에 대해 조직이 인정해 주고 업무의 중요성을 인식하고 있을 때 직원들은 업무를 뛰어나게 수행하는 계기가 되는 것이다.

뛰어난 실행은 지속적으로 현 상황을 개선해 나가는 과정이다. 개선은 현재의 수준을 측정하고 더 좋아지게 할 수 있는 것이 무엇인가를 파악한 후 그것을 실현하고 다시 측정하는 과정을 끊임없이 반복하는 것이다.

꼼꼼하게 기록하고 측정하는 것은 목표 달성하는데 걸림돌이 되는 것이 무엇인지 확인하고 지속적으로 개선해 나가려는 데 많은 도움이 된다. 탁월한 기업들은 실행 목표에 대한 진도를 표준 지표로 전환하여 공개하고 지속적인 활동 지침으로 사용한다.

직원들이 목표 달성을 위한 실행을 하는 데 있어 흐름에 맞는 기술을 활용하게 하고 정보시스템에 의한 자료 활용을 통해 정보를 쉽게 받아들일 수 있게 함으로써 유용한 형식으로 정보를 정리하도록 한다.

엄격한 가치 기준과 일관성 있는 성과 기준의 유지 및 적용을 통해 신뢰 확보를 굳건히 하고 실행 자체가 예측 가능한 조직의 전통이 형성될 수 있도록 한다.

■ 조직의 비전은 실행을 이끌어낼 수 있는 동기 부여의 원천이다.

명확하고 강력한 비전은 조직 구성원에게 실행의 강력한 동기 부여가 되어 일의 중요성을 새삼 느끼게 해 준다. 그래서 뛰어난 비전은 핵심 가치와 믿음 그리고 목표하는 지향점이 반드시 스며들어 있어야 하는 것이다.

문제의 핵심을 알아야 한다.

경영 전략에 의해서 도출되어진 실행 과제를 실행으로 옮기려 할 때 가장 중요한 것은 갖고 있는 **문제와 그 원인이 무엇인지를 '제대로 아는 것'**이다. 문제를 제대로 파악하기만 하면 문제는 그 때부터 풀기가 쉬워진다. 이를 위해서 기업 CEO는 경영 진단을 통해 기업 내부의 문제에 대해 개괄적이라도 알고 있어야 한다.

처음부터 세세하게 문제를 알 필요는 없다. 세세하게 알고자 하면 경영 진단은 진단 그 자체를 위한 작업에 불과할 수가 있기 때문이다. 개괄적으로 큰 숲을 살피듯 5가지 내외의 부문에서 3~5 가지의 세부 문제를 도출한다면 그 경영 진단 작업은 성공적인 작업이라 할 수 있다.

경영 진단을 통해 도출된 문제나 실행 과제를 해결하기 위해서는 반드시 거쳐야 할 과정이 있는데, 그 내용은 다음과 같다.

첫째, 문제가 있다는 사실부터 인정해야 한다. 문제를 인식하는 것은 문제 해결의 첫 관문이다. 문제를 인정하지 못하면 해결할 필요성도 느끼지 못하고 해결 방법을 찾아낼 수도 없게 된다.

둘째, 문제를 제대로 규정해야 한다. 문제를 정확하게 규정하지 못하면 다른 비본질적이고 사소한 문제에 아까운 시간과 에너지를 낭비하게 된다. 성공하는 기업은 해결해야 할 문제가 무엇인지부터 정확히 알기 위해 충분한 시간을 갖는다. 반면에 실패하는 기업은 문제를 정확히 파악하지도 않고 규정도 하지 않은 채 기업 CEO의 관심 사항에만 몰두하고 그것을 무작정 해결하려고만 하는 습관을 지니고 있는 경우가 대부분이다.

셋째, 다양한 해결책을 모색해 보고 그 중에서 가장 효과적인 방안을 선택해 실행에 옮긴다. 가장 먼저 생각나는 해결책부터 메모를 하다 보면 나무에 여러 개의 곁가지가 돋아나듯이 다양한 해결책이 연상되어 진다.

넷째, 다양한 해결책 중에서 20 : 80 법칙(파레토 법칙)을 적용하여 심사숙고하여 효과적인 해결책을 선택하고 즉시 실행 단계로 돌입해야 한다.

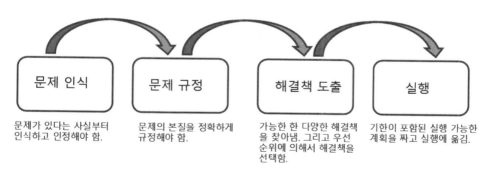

문제 인식	문제 규정	해결책 도출	실행
문제가 있다는 사실부터 인식하고 인정해야 함.	문제의 본질을 정확하게 규정해야 함.	가능한 한 다양한 해결책을 찾아냄. 그리고 우선순위에 의해서 해결책을 선택함.	기한이 포함된 실행 가능한 계획을 짜고 실행에 옮김.

탁월한 실행을 하기 위한 준비 사항

■ 직원들이 지속적으로 탁월한 아이디어를 발휘하며 경영 전략을 실행에 옮길 수 있는 환경을 조성하려면 다음의 5단계 사항을 반복하여 진행해야 한다.

채용 → 조직 문화 수용 → 교육/연수 → 목표 설정 → 평가/보상

● 채용

실행을 위한 환경 조성은 직원 [채용] 결정과 함께 시작된다. 뛰어난 직원들이 있어야 뛰어난 실행력이 뒷받침되어 지고 뛰어난 직원들이 계속적으로 충원되는 것이다. 뛰어난 인력을 확보하려면 상당한 시간과 노력이 투자되어야 한다. 그런데 이를 소홀히 하여 어려움을 자초한 기업들이 많이 있다.

판단 오류로 수준 이하의 인력을 채용하는 것은 처음부터 정확한 판단에 따라 우수한 인력을 채용했을 때와 비교하면 그 소요되는 비용(기회비용, 매몰비용)은 상상을 초월하게 된다. 뛰어난 인력에 대한 정확한 판단 기준은 특정한 기술 역량과 경험 여부를 서류 심사를 통해 확인한 후 대면 심사를 통해 조직이 지향하는 가치와의 적합성 여부와 직무 실행의 의지, 조직의 사명 및 목표에 따라 움직일 것인가, 일관성 있게 할 수 있겠는가를 확인해야 한다.

그런데 의외로 많은 기업들이 채용 절차와 과정을 아마추어적인 자세로 임하고 준비하는 경우를 자주 발견하게 된다. 채용 절차와 과정은 조직의

성과를 책임지게 되는 인적 자원이 처음 맞이하는 대문이라고 할 때 어찌 소홀히 할 수 있겠는가?

● **조직 문화 수용**

뛰어난 직원을 채용한 후 조직의 문화에 녹아질 수 있도록 해야 한다.

[조직 문화 수용]이란 **비전, 특히 핵심 가치를 공유**하고 강력하게 받아들일 수 있도록 하는 것을 말한다. 입사와 동시에 조직의 원칙을 완전히 이해하리라고는 기대할 수 없다. 이는 채용 과정부터 시작되어야 한다. 지원자들에게 회사의 경영 철학을 설명한 자료를 배포하고 채용 면담 자리에서 회사의 비전, 핵심 가치에 대해 이야기하도록 한다.

현장 적용 🔍

– 회사에 대한 전반적인 연혁, 비전, 핵심 가치가 담긴 '자료'를 신입 사원에게 일일이 배포하여 반드시 읽게 한다. 홈페이지는 대외 홍보용으로 쓰여진 내용과 업데이트가 안 된 내용으로 구성되어 있는 경우가 많으므로 직접 배포하는 자료는 현장에서 남다른 관심을 가지게 되고 영향을 받게 된다.

– 리더는 신입사원에게 회사의 철학을 직접 이야기하는 기회를 자주 가져야 한다. 실제로 리더가 이에 대해 말하는 것을 어색해 하는 경우가 있는데 이런 모습은 프로페셔널다운 모습은 아니다. 리더를 포함한 조직의 모든 구성원은 조직이 지향하는 비전, 핵심 가치, 목표를 위해 모인 사람들이기 때문에 이를 공유하고자 하는 데에 공을 들여야 한다.

● 교육/연수

[교육/연수]야말로 조직 문화를 수용시키는 데 가장 좋은 방법이다. 하지만 직원들은 특정 기술을 배우고 싶어 하는 경우가 대부분이다. 어떻게 일을 해야 하는지 그 구체적인 방법을 모르면 성과를 올릴 수 없고 시간이 지나가면서 사기가 저하되는 근본 원인이 되기도 한다.

따라서 구체적인 직무 방법, 관련 기술과 지식을 공식적인 교육/연수 제도를 마련하여 진행해야 한다. 그리고 비공식적인 관계, 다양한 내부 채널을 통해 직원이 알고자하는 것에 대해서는 관용적이어야 한다.

● 목표 설정

실행 과정에서 쉽게 간과하는 것이 [목표 설정]이다. 목표를 설정하려면 깊이 생각해야 하고, 논의를 거쳐야 하고 협상을 해야 한다. 목표 설정은 직원이나 리더에게 모두 쉬운 일은 아니다.

그러나 목표가 명확해 지면 직원들에게 좀더 많은 자율권을 부여할 수 있다. 그들의 일거수일투족을 살필 필요가 없고 그들의 활동을 일일이 지켜볼 필요도 없다.

현장 적용 🔍

- 세워진 회사의 비전과 전략을 세우는 것으로 시작하여 이를 연간 목표로 세분화한다. 그리고 직원들과 함께 연간 목표를 개인별 연간 목표로 다시 세분화한다.

직원 각자에게는 분기별로 3~5개의 분기 목표를 작성하게 한다. 이처럼 목표에 대해 함께 논의하고 절충하여 협의를 이끌어낸 다음 최종 확정하는 절차를 거친다.

– 목표는 구체적이어야 한다. 직원들의 개인적인 비전과 회사의 비전을 융합시켜 분기별 목표, 월간 업무, 주간 업무, 일일 활동으로 구체화하는 것이 가장 이상적이다.

동기 부여에 관한 여러 이론에서의 공통적인 내용으로 직무에서 만족감을 느끼게 하는 가장 큰 요인은 [개인적인 성취감]으로 나타난다. 사람들은 성취하기를 원한다. 목표를 설정하고 달성하기를 원하는 것이다.

● 평가/보상

성공적인 기업들은 공통적으로 실행에 있어 탁월함을 보이고 이에 대한 평가를 철저히 하고 성과에 따라 보상해 주는 전통을 가지고 있다. 그리고 성과를 평가하고 분석하여 공개하는 것은 물론이고 결점도 확인해 줌으로써 조직 전체적으로 완벽을 향해 계속 나아가는 것을 즐겨 한다.

직원을 인정하고 보상해 주려면 **비공식적인 인정, 포상하고 인정하기, 경제적인 보상**의 세 가지 기본 양식을 취하는 것이 효과적이다.

– 비공식적인 인정

리더는 직원들과 개인적으로 접촉하고 강하면서도 부드럽게 사람을 대하는 기술을 발휘해야 한다. 비공식적인 인정을 수시로 해 줄수록 그 관계는 존경과 인정의 관계로 더욱 성장해 간다.

– 포상하고 인정하기

명예로운 포상과 인정에 담겨 있는 힘은 직무에 대한 만족감을 배가시킨다. 공개적으로 우수한 직원에 대한 포상과 인정은 그 위치와 직무에 대한 중요성을 높여주는 가장 훌륭한 방법이다.

☞ 국가에서 수여하는 훈장, 포장, 표창장 등은 경제적인 보상이 수반되지 않아도 그로 인한 일에 대한 만족감과 중요성은 매우 놀랄만한 수준으로 표현되어진다.

- 경제적인 보상

직원의 성과에 대한 인정을 강화하는 방법으로 경제적인 보상을 활용하면 동서고금을 통해 그 효과가 빗나가는 사례는 없었다. 단, 여기서 주의할 점은 직원이 기대한 것보다 적게 받은 경우는 오히려 역효과가 날 수 있다는 점이다.

경제적 보상은 뛰어난 성과에 대해 "정말 잘 했어, 회사에서도 인정하고 있어. 매우 중요한 일을 하고 있어."라는 의미로 유효적절하게 사용해야 한다.

효과적인 일을 효율적으로 하기: 올바른 방향을 먼저 정하고 열심히 해야 비로소 일이 완성된다.

무슨 일이든 열심히 하고 경쟁자보다 더 잘하면 얻는 것도 많을 거라고 생각하기 쉽다. 하지만 그건 착각인 경우가 더 많다.

'효율성'과 '효과성'의 의미를 세밀하게 살펴보면 그 의미하는 바가 명확히 다가오게 된다. 먼저 '효율적으로 실행한다는 것'은 목표하는 성과와 상관없이 일을 경제적으로, 즉 투입량 대비 산출량을 많게 실행하는 것을 말한다.

이에 비해 '효과적으로 실행한다는 것'은 목표하는 성과나 기여도를 높일 수 있도록 일을 진행하는 것을 말한다.

많은 사람들이 효과성은 생각하지 않고 그냥 일을 열심히 하는 것을 절대 미덕으로 여기는 풍조가 있다. 이는 자칫 득이 아니라 독이 되기 쉽다. 잘못된 방향의 일을 열심히 하게 되면 그 효과성은 기대할 수 없고 오히려 조직에 해악만이 될 뿐이다.

☞ 달리는 철도 객차 안에서 갈 길이 급하다는 이유로 열심히 뜀박질하는 것은 아무 의미가 없는 헛수고일뿐이다. 마찬가지로 기업도 이미 잘 진행되고 있는 일에 헛된 힘을 더하고 있는 일은 없는 지 살펴봐야 할 것이다. 대신에 목표 달성에 기여하면서 아직 진행되지 않고 있는 중요한 일은 없는지를 살펴보고 그 일을 우선적으로 실행하는 것이 전략적인 실행 방안이라 할 수 있다.

효과성(effectiveness) VS 효율성(efficiency)

● 효과성: 목표하는 성과나 기여도에 직결되는 핵심적인 일을 잘 하는 것을 말한다.

● 효율성: 투입된 노력과 결과물의 비율로 계산되어 진다. 효율성이 우수하더라도 조직이 목표하는 성과가 이루어지는 것은 아니다.

전략 실행의 구체적 지표 : 균형 성과표

전략 실행은 전략 목표가 실현되는 데 기여하는 기업의 모든 실행 과제, 활동, 프로그램, 프로젝트, 캠페인 등을 포함한다. **전략 수립은 사고 프로세스인 반면에 전략 실행은 행동 프로세스이다.** 전략의 성공을 위해서는 이 두 가지가 모두 필요하다.

문서로 작성된 전략은 전략 프로세스의 끝이 아니고 중요한 중간 단계에 해당된다. 전략 기획서에서 전략 경영이 시작되었으니 이제 경영 전략의 의지와 내용이 비즈니스 일상으로 전달되어야 한다.

이 과정에서 실행 과제를 도입하고, 업무를 분장하고, 직원들에 대한 교육과 동기부여 프로그램을 실시하고, 목표와 결과를 비교하는 일이 필수적으로 진행되어 져야 한다.

전략은 일상 업무의 파도에서도 자리를 꿋꿋하게 지키는 바위와 같아야 한다. 또한 변화를 위한 방향을 제시하고 그것을 실현시킬 수 있는 길을 보여 줘야 한다.

전략 실행의 관리 시스템으로 널리 인정받고 있는 제도로서 미국의 노튼과 케플란 박사가 연구하여 발표한 **균형 성과표**(Balanced Score Card: BSC)가 있다. 이 지표는 네 가지 관점에서 기업의 경영을 평가하는 프레임워크를 가지고 있다.

재무 관점, 고객 관점, 내부 업무 프로세스 관점, 학습과 자원의 관점에서 측정 가능하고 구체성에 중점을 둔 목표 수치, 활동 내용, 정책 등을 점검하도록 되어 있는 것이 균형 성과표의 최대 강점이라고 할 수 있다.

그리고 또 다른 강점은 전략 개발과 전략 실행이 동일한 운영 시스템 안으로 통합되어 운영된다는 것이다. 그래서 흔히 우려하는 사항이라 할 수 있는 "전략 따로, 실행 따로" 현상을 상당 부분 예방할 수 있다는 것이다.

■ 균형 성과표 활용법

균형 성과표로 여러 경영 지표를 연결하여 측정한다. 먼저 경영 전략에 따라 네 가지 관점에서의 활동 항목을 서로 연관되도록 구성한다. 다음에는 각각의 수치 목표와 평가 지표를 설정하고 그것을 모니터링하면서 사내의 프로세스 개선과 직원의 역량 향상을 촉진하여 기업 혁신을 추진한다.

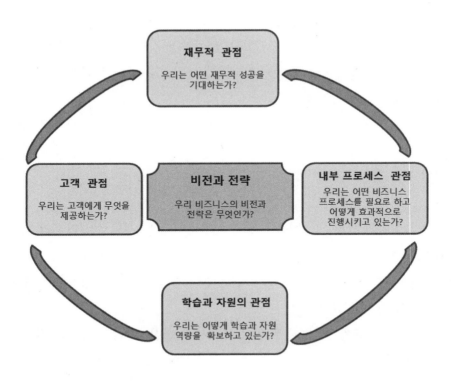

여기서 잠깐

전략 실행을 위해서 균형 성과표가 네 가지 영역의 관점에서 중점적으로 다뤄지는 이유는 무엇일까?

☞ 재무상의 결과가 핵심인 것은 당연하다. 그러나 재무상의 척도와 수치에만 의지하는 것은 기업의 상황을 일부밖에 반영하지 못한다. 재무적 성공과 함께 중요한 수치가 시장에서의 성공이다. 만족한 고객만이 기업이 필요로 하는 대가를 지불할 준비가 되어 있기 때문이다.

그런데 시장에서의 성공은 효율적인 기업의 내부 프로세스에 달려 있다. 내부 프로세스에는 구매, 개발, 생산, 물류, 판매, 사후관리 등이 속한다. 이런 프로세스들은 또한 직원들의 역량과 기업이 보유하고 있는 자원과 관련이 있다.

● 재무적 관점

재무적 관점은 전략 및 전략 실행이 경제적 성공을 가져올 것인가에 대한 여부를 보여준다. 이 분야에서의 목표치는 익히 알려진 재무 지표들로 구성되어 진다.

☞ 기업의 외형적 매출 확대, 개별 사업의 수익률 증대, 유동 자금의 확보, 재무 안정성 구축

● 고객 관점

고객 관점은 기업을 외부로 네트워크화하는 것이다. 특히 고객 만족도와 시장 점유율이 핵심 척도가 된다.

여기에서의 핵심 질문은 '추구하는 재무적 목표를 실현하기 위해서는 어떤 고객층과 어떤 시장에서 성공해야 하는가? 전략이 고객을 위한 가치 증대나 경쟁자의 차별화에 어떤 기여를 하는가?'이다.

☞ 이미지 및 브랜드 인지도 향상, 신규 고객 확보 노력, 추가 활동을 통한 고객 확보, 고객 불만 감소

● **업무 프로세스 관점**

내부 업무 프로세스 관점은 기업의 내부 구조와 업무 프로세스를 향하게 되며 목표 수치는 우선적으로 능률과 작업 시간에 있게 된다.

● **학습과 자원의 관점**

이 관점은 자원 역량과 보유 수단에 관심을 두게 되며 인력이나 정보 시스템, 혁신 관리, 직원의 능력 개발에 관한 목표를 설정하게 된다.

☞ 경영진의 지속적인 전략 분야 학습, 직원들의 학습 시스템 도입, 필요 인적/물적/지적 자원의 확보 관리

〈균형 성과표(BSC) 사례〉

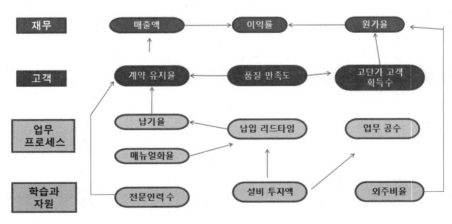

07

문제해결, 아이디어 발상,
창의력 향상을 위한 사고 프레임

"기존의 구조로부터 패러다임을 전환하는 것에서부터
문제 해결은 시작되어 진다."
– 맥킨지 –

"뛰어난 아이디어는 주위에 항상 존재한다."
–짐 콜린스 –

전략 능력 향상을 위한 네 가지 역량

전략 프레임을 제대로 설정하기 위해서는 '문제를 인식하는 방법이 올바르고 참신한가?' 라는 관점에서 생각이 시작되어야 한다. 특히 명심해야 할 점은 문제 해결을 할 때, 과제를 설정하는 단계에서부터 문제 해결을 시작하려 한다면, 해결책이 요점에서 벗어나게 된다는 사실이다. 따라서 프레임을 어떻게 파악하여 설정하느냐가 아주 중요한 물체로 대두된다.

앞으로 나아가야 할 구체적인 방향이 무엇인지를 생각하는 역량을 컨셉트 역량이라 한다. 컨셉트는 단순한 추상적 개념이 아니라, 구체적인 행동으로 이어지는 것이자, 전략을 실천하기 위한 지침 그 자체가 되어야 한다.

로직은 모든 비즈니스의 기초가 된다. '왜 그럴까?, 그렇게 하면 어떻게 될까?'를 생각하는 것은 나머지 세 개의 역량을 생각할 때도 중요하다. 적절하고 참신한 프레임 속에서 구체적인 방향을 제시하고 로직을 통해 새로운 가치를 창출할 컨셉트를 찾아내어, 어떻게 위치를 설정해야 성공할 것인가 하는 포지셔닝을 깊이 생각하는 것이 전략적 문제 해결의 중요한 포인트인 것이다.

따라서 전략 능력 향상을 위한 네 가지 역량을 다음과 같이 정의할 수 있다.

1) **프레임 역량**: 문제 영역의 범위를 정확하게 짚어내는 판단력
2) **컨셉트 역량**: 새로운 가치를 창출하기 위한 기본을 구상하고 전개 방향을 제시하는 역량

3) **로직 역량**: 사물의 인과관계를 꿰뚫어 보는 통찰력과 스토리의 줄거리를 만드는 창의력

4) **포지셔닝 역량**: 상대적으로 유리한 상황을 구상하고 그 위치를 행위 대상자에게 인지시키는 능력

이 네 가지 역량은 서로 독립적으로 존재하는 것이 아니다. 이들은 상호 밀접하게 연관되어 문제 해결과 전략 구상의 프로세스 가운데서, 해결책의 질을 향상시키는 기능을 한다. 그리고 이 네 가지 역량이 일관성을 지닐 때, 비즈니스를 성공으로 이끌 수 있게 된다.

프레임 역량 → 컨셉트 역량 → 로직 역량 → 포지셔닝 역량

문제 해결과 전략구상에 있어서, 이 네 가지 역량을 잘 조합시키는 것이 성공의 전제 조건이다. 예를 들어, 아무리 경쟁 상대를 철저히 분석하고 자사 상품의 포지셔닝을 연구한다고 해도, 본질이 되는 컨셉트가 애매하여 전개하는 로직이 약하다면, 상품은 좋은 반응을 얻을 수 없다. 또한 시장을 결정하는 프레임이 잘못되어 있다면 아무리 확실한 컨셉트를 구축해도, 첫 과제 설정이 잘못되어 실패할 수 밖에 없게 된다.

문제 해결과 전략 구상의 프로세스를 생각할 때 '전략 능력 향상을 위한 네 가지 역량'을 어디서 어떻게 실천하고 전개할 것인지, 그 전체상을 그려 보면서 네 가지 역량의 일관성과 통일성을 갖고 추구하는 것이 전략적 문제 해결의 질을 향상시키는 길이다.

문제 해결을 위한 사고 프레임

문제 해결을 위한 사고 프레임으로서 먼저 사고 접근 방식으로는 크게 **제로베이스 사고와 가설 사고방식**이 있다. 그리고 사고 기법으로는 **MECE, LISS, 로직 트리, What & Why 방법** 등이 있다.

용어가 조금 낯설다고 해서 이러한 사고방식, 기법들이 특별하고 접근하기 어려운 내용으로 구성된 것은 아니다. 우리가 평상시에 무의식적으로 사용하고 있는 문제 해결의 사고방식과 기법들을 체계적으로 정리한 것을 그 특징에 맞게 이름을 갖다 붙인 것뿐이다.

제로베이스 사고와 가설 사고는 다양하고 독창적인 사고를 하게끔 하여 비즈니스를 성공적으로 이끌기 위한 사고 방법이다. 두 사고를 구체적으로 실현하는 기법으로 MECE, LISS, 로직 트리, What & Why 기법이 주로 활용된다.

■ 제로베이스 사고방식

제로베이스 사고는 기존의 틀에서 벗어나 백지 상태에서 생각하는 사고방식이다. 즉, 기존에 갖고 있는 선입견이나 판단 기준에 얽매이지 않고 새로운 틀과 사고 프레임으로 접근하는 방식이다.

제로베이스 사고에 방해가 되는 것은 '기존 관념'이다. 자신의 좁은 틀 속에 사고를 가두지 않고 넓은 시야로 과제를 바라보는 것이 중요하다. 해결이 어렵다고 하여 고정 관념에서 벗어나지 못하고 좁은 틀 속에서 한정적으로 사고하게 되면 틀 밖에 있는 해결책을 발견 못할 수 있고 최악의 경우에는 틀 속의 부정적 요소중 매우 사소한 것까지 나열하면서 에너지를 헛되게 쓸 때가 있다.

제로베이스 사고의 핵심 방향은 고객의 입장에서 가치를 생각하는 것이다. 사업에 성공한 사람들은 대개 독특한 상품, 획기적인 기술, 특징 있는 시스템을 기반으로 사업을 전개했기 때문이다. 자기 자신이 개발자이고 생산자이면서 동시에 고객의 입장에서 출발했기 때문이다. 제로베이스 사고는 한마디로 '고객에게 있어서의 가치'를 고정관념의 틀에서 벗어나 한 발 앞서 생각하는 것으로도 설명할 수 있다.

그리고 최근의 시대 흐름은 정보의 유동화가 가속적으로 진행되는 상황에서 규제나 기존의 범위를 벗어나 '소비자에게 있어서 가치는 무엇인가?'를 기반으로 비즈니스의 의미를 다시 생각하는 것이 더욱 중요해지고 있다.

그러나 규제의 범위 내에서 기득권을 향유하고 있는 기업은 종래의 강점을 발전적으로 변화시키지 못하고 오히려 변화 흐름에 따라갈 수 없는 약점과 족쇄로 변질되어 버리기도 한다. 이러한 규제 완화나 변화에 어떻게 대응할 것인가는 기업에 따라 사활이 달린 문제가 되고 이에 따라 제로베이스 사고를 통한 시나리오 만들기가 더욱 더 중요해 진다.

■ 가설 사고방식

가설 사고의 출발은 우선 무엇인가 임시적 결론을 내리는 것에서부터 시작한다. 그리고 내려진 결론에 대해서 '그래서 무엇을(So What?)', '왜 그렇게(Why So?)' 해야 하는가를 반복적으로 체크하고 점검하면 결국 문제나 과제를 해결할 수 있는 아이디어 방안이 떠오르게 되고 정리되어 진다.

가설 사고는 특정한 시점에서 결론을 가지고 사고를 진행하는 사고방식이다.

'So What?'을 반복해야 하는 이유는 현재의 상황을 분석했을 때 무엇인가 행동으로 연결될 수 있는 결론을 이끌어내기 위함이다. 그리고 'Why So?'는 내려진 결론이 타당성을 가지고 있는가를 확인하기 위한 과정을 위해 필요한 물음이다.

비즈니스 현장에서는 하나의 구체적인 행동 결론이 100개의 막연한 발언보다 훨씬 유용하다.

● "결론을 먼저 내 놓은 다음에 그 다음 단계에 명확히 설명한다."

최선의 결론을 많은 시간을 들여서 힘들게 내려고 하기 보다 정한 시간 이내에 구체적으로 실행에 옮길 수 있는 수준(차선책)에서의 결론을 우선 도출하는 것이 현명한 의사결정 방법이라 할 수 있다.

● 가설 사고의 핵심 포인트는 **정보 수집에 지나치게 많은 시간을 들이지 않고 실행 우선의 사고로서 차선책(Better)이 발견되면 곧 실행에 옮기라는 것이다.**

대개 최선책(Best)은 사고의 초기 시점에서 발견되고 도출되는 경우는 거의 없다. 대부분의 경우, 최선책이 나오는 시기는 실행되어진 여러 방안을 갈고 닦아 다듬어 지는 최후 시점이라 할 수 있다.

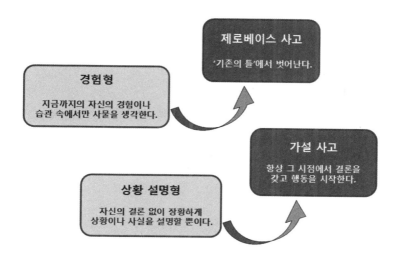

〈가설 수정의 과정을 통한 결론 도출〉

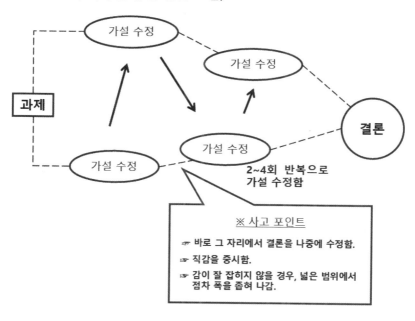

	결과 지향	가설 지향	사실 지향	문제 해결
개념	◎기대하는 결과를 명시하고 효과적/효율적으로 달성하는 방법을 사전에 구상하고 행동에 옮기는 태도	◎정보의 수집, 분석 등 실제 활동으로 옮기기 전에 그 과정이나 결과/결론을 추정, 사고하는 태도	◎일상업무에 나타나는 상식/편견에서 벗어나 객관적 사실로부터 출발하는 사고/활동	
주요 내용	◎해결의 납기/ 목표 기대 결과 ◎자료 수집과 보고서의 Output Image 설정	◎조사자료의 방향성 설정 ◎조사 도구의 제작 (가설 Base)	◎현장 조사 실시, 자료 분석 ◎Output Image 완성 (자료 수집/보고서)	
기대 효과	◎작업 전 과정에서 항상 전체 관점을 가질 수 있음. ◎작업 효율을 높일 수 있음. ◎기대 수준에 보다 쉽게 접근함.	◎낭비(경영자원, 시간)의 제거 ◎성공 확률(2회 이상)의 향상 ◎판단력/창의력이 기대됨.	◎상식/편견이 해결안의 방향성을 뒤바꾸어 놓는 것을 막을 수 있음.	

기획에 대한 이해

기획(企劃)이란

'사람(人)이 서서(止) 바라는(企) 것을 글자와 그림으로 작성하는 것(劃)'으로서

목표를 달성하기 위하여 주어진 현황 또는 문제점을 분석하고

수집된 정보와 참신한 아이디어로

문제 또는 과제를 해결하거나 Needs를 만족시키는 행위 과정이다.

예) · G20 회의를 성공적으로 실시하기 위한 기획서

　· 시장 점유율 3위권 진입을 위한 기획서

企 + 劃

● 기획과 계획의 차이

기획(企劃)

- **방향성을 지닌 창조행위**
  (What to do)
  : 지속 성장, 경쟁 우위

- **전략 / 목적**
  : 옳은 것을 정하기

노르망디
상륙 작전

계획(計劃)

- **활동 목표와 방법**
  (How to do)
  : 누가, 언제, 투입 자원

- **전술 / 목표**
  옳게 정해진 것을 올바로 하기

● 기획의 목적

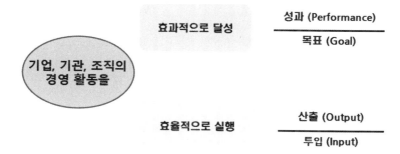

기업, 기관, 조직의
경영 활동을

효과적으로 달성   성과 (Performance)
―――――――――――
목표 (Goal)

효율적으로 실행   산출 (Output)
―――――――――――
투입 (Input)

● 기획력의 3 요소

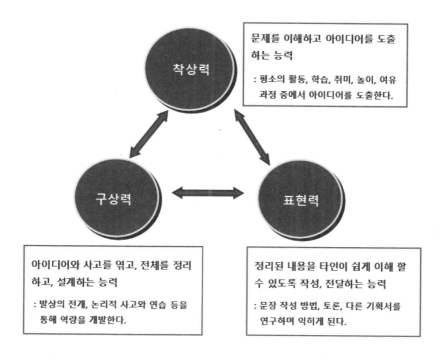

착상력

문제를 이해하고 아이디어를 도출
하는 능력

: 평소의 활동, 학습, 취미, 놀이, 여유
과정 중에서 아이디어를 도출한다.

구상력

표현력

아이디어와 사고를 엮고, 전체를 정리
하고, 설계하는 능력

: 발상의 전개, 논리적 사고와 연습 등을
통해 역량을 개발한다.

정리된 내용을 타인이 쉽게 이해 할
수 있도록 작성, 전달하는 능력

: 문장 작성 방법, 토론, 다른 기획서를
연구하며 익히게 된다.

문제 해결을 위한 사고 기법

■ MECE 사고기법(Mutually Exclusive & Collectively Exhaustive: 중복 없이, 누락 없이)

MECE 사고기법은 논리적 사고를 향상시키는 방법으로서 문자적인 뜻은 "중복과 누락을 방지한다."이다. 즉, **어떤 사항을 중복 없이 그리고 누락 없는 부분의 집합체로서 파악하는 것을** 의미한다.

다시 말해서 자료의 분류를 누락과 중복이 없는 부분 집합으로 구분하여 전체를 보여주는 방법이다. 이렇게 자료를 구분하면 자료의 분류 자체가 중요한 정보를 제공하게 되고 누락과 중복됨이 없어 분석을 하기가 쉬워 진다.

중복 없고 누락 없이 내용을 작성하기 위해서는 내용을 전체로서 파악하고 있고, 핵심 포인트가 무엇인지 사전적으로 준비 학습이 되어 있어야 한다.

■ LISS 사고 기법(Linearly Independent Spanning Set: 중요한 것을 집중적으로)

LISS는 MECE에서 한 단계 발전시킨 사고 기법이다. MECE 기법으로 분류된 사항 중에서 **중요한 사항을 중심으로 집중적으로 세밀하게 심층적으로 더 파고드는 방법**을 말한다. 이 기법은 시간적인 제약이 있을 때 중요한 것을 먼저 선택하여 실행한다는 전략적인 시각이 담겨져 있다.

☞ 분석 활동에 있어서 **MECE가 빠짐없이 분류해 내는 것**이 포인트라면, **LISS는 중요 과제의 명확화**가 포인트이다.

여기서 잠깐

MECE가 응용되어진 분석 프레임워크는 문제를 해결하기 위해 원인을 파악하거나 해결 방안을 생각할 때 누락되는 것이나 중복이 되는 것이 없도록 이루어져 있다(예: 3C + 1C, 비즈니스 시스템, 4P).

☞ 경영 전략 구상의 기본인 3C(고객, 경쟁사, 자사)는 MECE 사고 프레임 중의 하나이다. 그런데 이는 판매망을 보유한 소비재 회사의 상황을 전제로 한 것이다.

직접 판매망 루트를 확보하지 못한 산업재 회사의 경우는 반드시 유통 채널을 생각해야 하기 때문에 3C 프레임이 아니라 유통 채널(Channel)을 추가한 '3C + 1C' 프레임이 되어져야 MECE(중복 없이 누락 없이) 사고 기법이 온전히 적용되는 것이다.

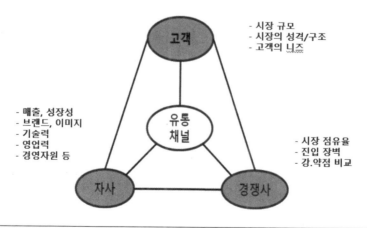

〈 세 가지 종류의 사고 과정 〉

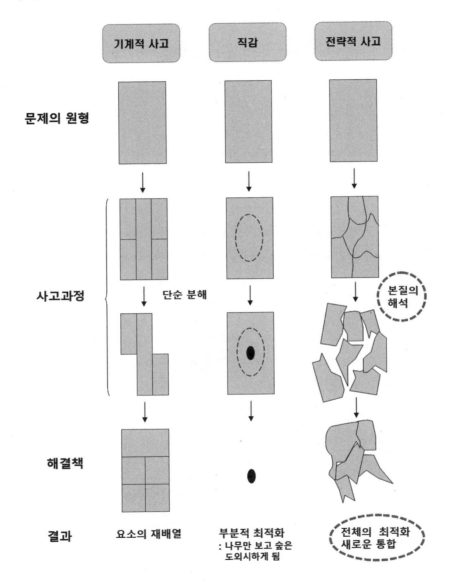

여기서 잠깐

전략적 사고에 있어서 어떤 상황 속의 핵심 이슈를 정확히 찾아내는 것은 문제해결의 처음과 끝이라 할 정도로 매우 중요하다.

핵심 이슈를 정확히 찾는 것은 문제를 정확히 정형화하는 것인데 문제를 정형화하도록 훈련받고 동기를 부여 받은 사람들은 모호한 기획 입안을 하지 않고 구체적이고 실제적인 아이디어를 제시하게 된다.

분석 프레임의 설정

MECE	LISS
중복 없이 누락 없이	중요 과제의 명확화
"Mutually Exclusive, Collectively Exhaustive"	"Linearly Independent Spanning Set"

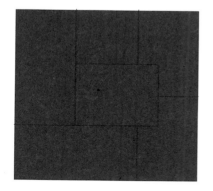
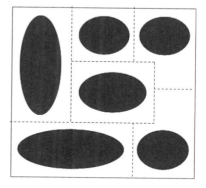

〈 MECE의 시각적 정의 〉

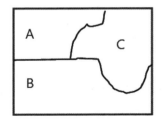

- MECE
: 중복 없고 누락되는 사항이 없는
  바람직한 분류

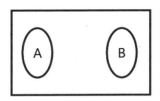

- AB는 ME이기는 하나 CE는 아님.
(중복은 없으나 누락사항이 있음.)

예) 전체 : 생물
  . A : 포유류
  . B : 어류

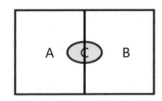

- ABC는 CE이기는 하나 ME는 아님.
(누락은 없으나 중복사항이 있음.)

예) 전체 : 여성
  . A : 미혼
  . B : 기혼
  . C : 직장인

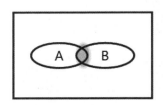

-AB는 ME도 CE도 아님.
(중복되며 누락시항도 있음.)

예) 전체 : Class의 학생 전원
  . A : 수학을 잘하는 학생
  . B : 국어를 잘 하는 학생

■ 로직/이슈 트리(Logic/Issue Tree) 사고 기법

로직/이슈 트리는 문제의 핵심을 파악하거나 해결을 목적으로 MECE의 논리적 사고 기법을 바탕으로 하여 특정 이슈를 나뭇가지 형태로 분해시키며 분석해 나가는 방법이다.

☞ 로직/이슈 트리는 문제의 원인을 깊이 파고들거나 해결책을 구체화할 때, 제한된 시간 속에서 넓이와 깊이를 추구할 때 유용하게 쓰이는 방법이다.

● 로직/이슈 트리를 구성할 때에는

하나의 과제에 대해 여러 각도에서 생각해 낼 수 있는 사고의 유연성이 필요하다. 특히 1~2 단계를 어떤 내용으로 구성하느냐가 제일 중요하다. 로직/이슈 트리는 기본적으로 어떤 시각에서 시작하여도 마지막까지 채워 나가면 모든 항목을 체크할 수 있게 된다.

이는 어떤 문제나 과제에 대해 형태가 다른 로직/이슈 트리를 여러 종류로 작성할 수 있음을 알 수 있다.

● 로직/이슈 트리의 특성은

첫째, 문제를 해결 가능한 세부 단위로 나누어서 접근하면 보다 수월해진다.

둘째, 로직 트리는 MECE 원칙을 따라 각 구성 요소 간의 중복이 없고 전체적으로 누락됨이 없어야 한다. 따라서 전체와 부분 간의 논리적 관계를 보는 것이 가능해진다.

셋째, 문제를 구성 요소별로 분해함으로써 구성 요소 간의 우선 순위를 명확히하고 역할 및 책임을 명확히 할 수 있다.

● 로직/이슈 트리를 활용하면

누락이나 중복을 사전에 확인할 수 있고 각 내용의 인과 관계를 분명히 할 수 있게 되어 원인이나 인과 관계를 구체적으로 찾아낼 수 있게 된다. 따라서 원인 파악이나 해결책을 구체화하는 데에 유용하다.

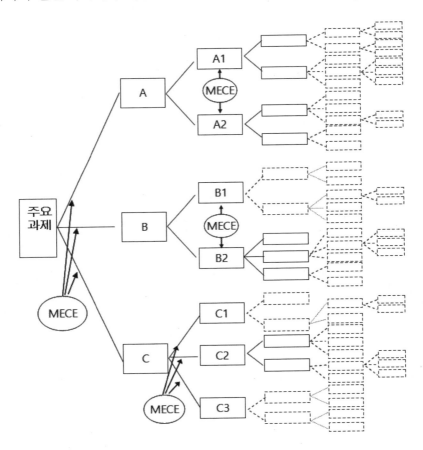

〈 로직 트리(Logic Tree) 전개 방법 〉

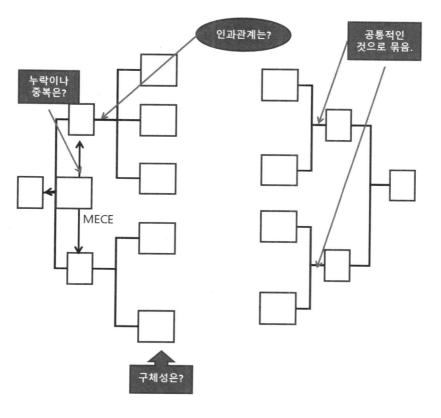

〈연역적〉

– 문제의 구성 요소를 순차적으로 높여 감
(MECE).
: 분석 범위와 방향성이 어느 정도 분명하거나
Logic Tree 경험이 풍부한 경우에 사용하는
방법

〈귀납적〉

– 세부 문제를 열거한 뒤 그룹핑하여 구조화
시킴.
: 테마의 분석 범위나 방향성이 불분명하거나
Logic Tree 경험이 부족한 경우로 문제를 열
거하고 그룹핑, 위계화하는 방법

■ So what & Why So 사고 기법

논리적 사고를 하기 위해 머리에 넣고 사용해야 할 질문이 '그래서 무엇을(So what?)', '왜 그렇게(Why So?)'이다.

'So what?'은 제시된 정보나 자료 중에서 과제 해결에 도움이 될 만한 사항이나 결론을 찾는데 길잡이 역할을 해주는 질문 방법이다.

'Why So?'는 제시된 정보나 자료를 분석하여 어떤 결론을 내렸다면(So what), 이 결론은 왜 그래야 하는지가 제시된 정보나 자료에 의해 충분히 설명되어야 한다. 이때 사용하는 질문이 'Why So?'가 되는 것이다.

☞ 따라서 'So What?'과 'Why So?'를 **되풀이하여 적용함으로써 올바른 해결방안을 도출**해 나가야 한다.

⟨So what? Why So? 기법⟩

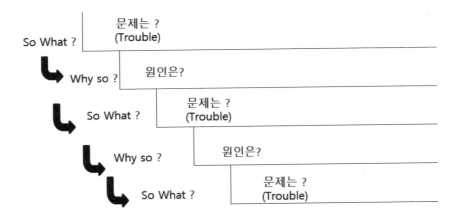

08

[비즈니스 모델(Business Model)]
분석 기법 활용하기

[비즈니스 모델]이란?

■ [비즈니스 모델]은 조직이 고객을 위한 가치를 어떻게 발견, 포착하여 창조하여 전달하고, 어떤 방법으로 수익을 획득하는가를 논리적으로 설명한 것을 말한다.

쉽게 말하면 '돈을 버는 방식' 즉, 기업 업무, 제품 및 서비스를 전달하고 이윤을 창출하는 방법을 모색하는 과정을 핵심적인 사항 중심으로 체계적이고 순차적으로 빠짐없이 실행할 수 있도록 마련한 프로세스를 말한다. 구체적으로 제품을 만들고 마케팅을 전개하여 고객이 구입을 결정하도록 하기 위해 준비해야 할 내용과 비용 대비 얼마나 수익이 나는 지를 수익-비용 분석을 통해 한 눈에 알아볼 수 있도록 한 것이다.

■ [비즈니스 모델]은 9개의 블록으로 표현되어 조직의 구조, 프로세스, 시스템을 통해 실현시킬 수 있는 사업 진행의 전체적인 구도를 한 눈으로 쉽게 이해할 수 있도록 해준다. **한 폭의 그림 캔버스에 9개의 블록으로 표현한 관계**로 [비즈니스 모델 9 캔버스]라고 불리기도 한다.

☞ **[구조]는** 특정 기능을 발휘하기 위해 필요한 요소들의 적합성, 관계성 정도를 의미한다.

☞ **[프로세스]는** 가치 생성을 이루어가는 기능간의 연계, 흐름을 뜻한다.

☞ **[시스템]은** 외부와의 상호 작용을 원활히 이루어가며 가치 생성을 위해 존재하는 제도, 기능들 간의 결합을 뜻한다.

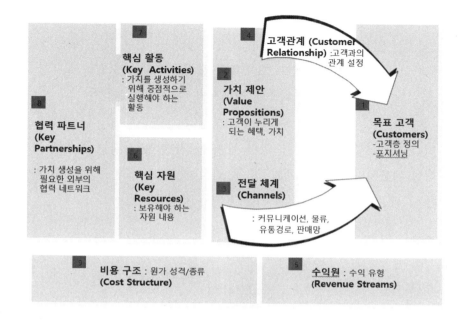

■ 비즈니스는 고객과 거래처 등의 이해관계자가 있을 때 비로소 성립된다. 비즈니스 모델은 이러한 관계자가 서로 무엇을 제공하고 그 대가로 무엇을 받느냐의 관계를 나타내는 것으로서 **사업의 설계도**라고 할 수 있다.

기업이 고객을 위한 가치를 어떻게 창조해서 전달하고, 어떤 방법으로 수익을 획득하는가를 설명하는 '하나의 스토리(Story)'를 함축적으로 나타낸 것이라 할 수 있는데, 여기서 간과해서는 안 될 것은 자신의 회사만 많은 수익을 거두고 다른 비즈니스 파트너는 계속 적자를 보는 그러한 관계의 비즈니스는 장기적으로 지속될 수 없다.

비즈니스 모델이라는 생태계 속에서 이해관계자 모두가 동반 성장할 수 있는 구조를 만들어야 한다. 그래야만 다른 협력 파트너도 비즈니스 모델을 키우기 위해 적극 협력해 주고 지속 가능한 사업 비즈니스 모델로 성장이 이루어지게 하는 것이다.

● 뛰어난 비즈니스 모델이나 독창적인 비즈니스 모델이 사업의 성공을 보장하지는 않는다. 새로운 비즈니스를 성공으로 이끄는 것은 비즈니스의 맥이라 할 수 있는 **수익 포인트를 명확히 짚어 비즈니스 모델을 설계한** 다음, 불굴의 실행력으로 **비즈니스를 진행시켜 나가는 것**이다.

● 비즈니스 모델을 설계함에 있어 **제공하고자 하는 가치는 곧 비즈니스의 핵심 내용**이다. 고객이 개별적으로 인식하는 제품 또는 서비스의 가치는 곧 그 상품을 선택하는 결정 기준이 되는 것이다.

여기서 잠깐 ⚓

☞ 평범한 기업들이 경쟁에서 살아남기 위해서 쉼 없이 비용 절감 프로그램을 진행시키는 동안에 우량 기업은 자신의 제품이나 서비스로 감동시키는 이유는 무엇일까? 평범한 기업들이 계속해서 위기에 빠지는 반면에 어떤 기업은 굳건히 지속적으로 작동하는 이유는 무엇일까?

이는 비즈니스 모델 개발에 있어서 가치 영역(가치 제안)에 중점을 두기 때문이라고 그 답을 제시하고 싶다. 가치 영역이란 기업이 경쟁 우위를 가질 수 있는 가치 창출 영역을 가리키는 데, 다양한 고객 욕구 중에서 세 종류의 가치 영역을 전략적으로 높이 평가하는 공통점이 있다는 사실이 밝혀졌다. 그 내용은 '최저 총원가', '최고 품질의 제품' 그리고 고객의 욕구를 정확하게 반영하는 '최적의 총 솔루션' 세 가지 영역이다.

예를 들어 최저 비용을 선택한 고객은 빠르고 간단한 배달을 원할 뿐 서비스에는 큰 요구 사항이 없다. 이런 고객들은 최고의 생산 효율을 가진 기업들

을 선호한다(최고의 작업 가치 영역, 높은 효율과 비용 최적화 추구).

그러나 혁신적인 최고의 상품을 가지고 싶어하는 고객은 추가 비용을 지불할 마음의 준비가 되어 있다. 따라서 이런 고객들은 명품 브랜드의 프리미엄 최고 가격을 수용할 수 있게 되는 것이다(선도적 상품 가치 영역, 지속적인 신제품 출시 및 브랜드 리더).

반면에 맞춤 솔루션을 찾는 고객은 제품을 개별화시켜 고객의 취향에 맞는 효용을 제공할 수 있는 기업을 선택하게 된다(고객 친밀성 가치 영역, 고객 관계 유지를 위한 시장 조사에 많은 투자가 필요함).

기업이 모든 고객을 위해 모든 것을 갖추려는 함정에 빠지는 것은 흔히 발견할 수 있는 일이다. 그러나 가치 영역의 구분은 기업이 너무 많은 일에 힘을 분산하지 않고 세 가지 영역들 중 한 분야에 집중할 수 있도록 명확한 구분을 해 주는 장점이 있다.

그리고 명심해야 할 것은 하나의 영역에 우선적으로 집중하면서도 다른 두 개의 영역도 완전히 도외시해서는 안 된다. 가치 창출 이론에 따르면 모든 기업은 하나의 영역에 집중하면서도 다른 두 개의 영역에서도 경쟁자들과 동등한 능력을 갖춰야 한다.

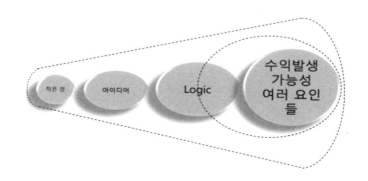

■ 비즈니스 모델의 중요성을 살펴보고자 한다. 비즈니스 모델(BM)과 사업 계획서의 외형적인 제목만으로 이해하면 이 두 개념을 언뜻 혼동할 수 있다. 사실 비즈니스 모델(BM)은 사업 계획서와 구별되어져야 한다.

사업 계획서는 대개 50~100여 페이지 분량의 상세한 문서로서 환경 분석, 사업 타당성, 생산 계획, 재무적 예측 자료 등이 포함되어 있다. 전체 사업의 구상 내용과 사업 일정, 활동 계획의 내용을 상세히 담고 있는 것이 사업 계획서이다. 즉, 수익을 창출하기 위한 구체적인 방법이 서술되어 있는 문서가 사업 계획서이다.

이에 비해, 비즈니스 모델(BM)은 상세한 내용을 담기보다는 핵심적인 내용을 압축적이고 간략하게 표현한다.

사업 계획서가 많은 분량의 서류 형태로 작성이 된다면, BM은 누구든지 쉽게 기억할 수 있을 정도로 압축되고 간결한 개념으로 표현된다. 대개 한 페이지로도 충분하고 장황한 설명 보다는 도식, 도표, 하나의 그림 형태로 표현하는 것이 적합할 것이다.

또한, 기업이 초기에 수립한 비즈니스 모델로는 지속적으로 수익을 창출할 수 없다. 수익의 원천은 고객인데 고객의 요구 사항은 끊임없이 변화한다. 기존과는 다른 수익 모델을 찾지 않으면 도태될 수밖에 없다. 따라서 기업은 고객의 가치를 창조할 수 있는 새로운 수익 모델의 지속적인 개발이 이루어질 때에만 지속적인 성장이 가능하다.

[비즈니스 모델]의 구성 요소

성공적인 비즈니스 모델(BM)을 수립하기 위해서는 많은 고객을 유인할 수 있어야 되며 이를 수익과 연결시킬 수 있을 때 경쟁력 있는 BM이 수립된다.

또한, 가치 창출을 위한 활동들이 선순환적인 구조를 형성하여 경쟁자들이 쉽게 모방할 수 있게 설계가 되어야만 지속성을 확보할 수 있다.

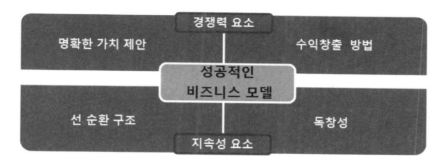

■ 명확한 가치 제안

가치 제안은 제품이나 서비스 자체를 말하는 것이 아니라 고객의 관점에서 문제를 해결하고 고객의 니즈(needs)를 충족시킬 수 있는 해결 방안을 제공한다는 의미이다.

고객이 원하는 가치는 여러 사회 현상에 따라 변화되기 때문에 고객에게 점차 차별화될 수 있는 요소들을 강화시켜야 한다. 또한 기존 시장 내에서 니즈가 충족되지 못하고 있는 고객층을 발굴하여 가치 제안의 기회를 포착하는 것이 필요하다. 그리고 가격과 제품의 품질 등의 이유로 현재의 제품 및 서비스를 사용하지 않고 있는 잠재 고객을 발굴하는 것도 중요하다.

일반적으로 명확한 가치 제안을 위해서는 다음과 같은 세 가지의 요소를 포함하여야 한다.

☞ **목표 고객 계층**(성별, 연령별, 지역별, 직업군별, 선호 취향별, 국가별 등으로 표현)
☞ **고객에게 제공하는 가치 혹은 혜택**
☞ **독특한 차별적 능력의 내용**

● **목표 고객 계층**

제공하고자 하는 가치를 개발하는 데 있어 우선 결정해야 할 요소는 목표 고객 계층이다. 시장 기회를 신중하게 분석함으로써 기업이 경쟁력을 지닌 시장을 발견할 수가 있다.

목표 고객을 선정하는 작업은 우선 인적/지리적/연령적 변수를 적용하여 시장 세분화 작업을 진행한 후 그 중에서 제공하고자 하는 가치를 가장 효과적으로 수용할 수 있는 고객층을 목표 고객으로 선정해야 할 것이다.

고객 계층을 결정하는 데 있어 고려해야 하는 주된 두 가지 사항은 시장의 매력도와 기업의 시장 내 경쟁 능력이다. 우선 시장의 매력도는 시장 규모 및 성장률, 시장의 경쟁 업체 존재 여부, 시장의 요구 등으로 결정되어 진다.

그리고 기업의 시장 내 경쟁 능력은 고객 가치를 뒷받침할만한 기업의 비즈니스 핵심 능력이 경쟁 업체에 비해 얼마나 우수한지를 평가한 후, 그 역량이 충분하다고 여겨질 때에야 비로소 해당되는 고객층을 결정할 수 있게 된다.

● 고객에게 제공하는 가치

목표 고객층에게 제공하는 주요 가치나 혜택을 결정하는 것이다. 제안하고자 하는 가치는 한 두 개의 핵심적인 가치로 집중 구성하여야 하고 이에 주력해야 한다.

여기서 잠깐

애플은 '혁신성'이란 가치를, 사우스웨스트 항공사는 '편의성과 저가'의 가치를 대내외적으로 강조하고 있는 것이 좋은 예이다.

그리고 2개 이상의 복수 가치를 추구할 경우, 때에 따라서는 2개의 가치가 상충하는 경우가 발생하여 소비자에게 혼동을 줄 수 있다.

예를 들어, 신속 배달과 낮은 가격을 주된 가치로 추구한다고 하는 할 때, 두 가지 모두 충족시키기가 어려워 결국 두 부문에서 중간에 머무르고 시장에서 주목받지 못하는 사례를 종종 어렵지 않게 볼 수가 있다.

● 독특한 차별화 능력

차별화 능력은 기업 외부보다는 목표 고객에게 가치를 제공하는 기업 내부 및 협력 업체와 관련이 깊다. 이를 흔히 '핵심 역량' 또는 '핵심 능력'이라고 한다.

'핵심 역량'은 BM상의 가치 제안을 구성하는 주요 고객 가치와 직접적으로 연관이 되어 있어야 한다. **'핵심 역량'**은 크게 **유형자산**(설비, 자금력), **무형자산**(브랜드 파워, 기술력), **업무 수행 능력**(업무 노하우, 업무 능률, 납기 준수 능력) 등으로 구성된다.

■ 수익 창출 방법

수익 모델은 기업이 비즈니스를 통해 수입을 발생시키고 이윤을 내는 방법을 뜻한다. 고객 가치가 창출되어서 제대로 전달이 되었더라도 이를 수익과 효과적으로 연결시키지 못한다면 비즈니스 모델은 성공할 수 없기 때문에 단순한 제품 판매를 통해 대금을 회수하는 단순 구도에서 벗어나서 다양한 방식의 수익 창출 방법을 모색해야 한다.

여기서 잠깐

수익 창출 방법의 주요 유형

렌트카 방식	상품의 기능을 서비스 형태로 제공하여 사용량을 기반으로 요금을 부과하여 지속적인 수익을 창출함.
프린터/잉크 카트리지 방식	2가지 제품이 결합되어 하나의 완성품이 되는 제품을 만들어 주력 제품의 가격은 낮게 책정하여 매출량을 늘리고, 부속 소모품의 가격은 높게 책정하여 수익을 창출함.
소프트웨어 방식	기존의 서비스는 무상으로 제공하여 다수의 고객을 확보하고 이후 업그레이드에 대한 비용을 부과하여 수익을 창출함.
검색 사이트 방식	서비스를 이용하는 고객에게 직접적으로 이용료를 요구하지 않고 광고주 등의 제3자로부터 수익을 창출함.

■ 선순환 구조

고객들의 니즈는 시장의 급격한 변화에 따라 고객의 가치도 빠르게 변화하고 있어 기업이 이에 대응하기 위해서는 기업의 내부 가치 제안 활동과 협력 업체 역할을 담당할 외부 파트너 및 네트워크에 대한 효과적인 설계를 구축해야 한다.

최근의 소비자들은 제품의 신속한 배달 공급과 낮은 가격 등을 추구하는

경향이 매우 강해 기업들은 낮은 원가와 신속성 확보를 위해 중간 유통과
정을 생략하는 경우가 있다. 이에 비해 고객의 취향이 수시로 변화하는 업
종의 경우에는, 관련 유통업체는 고객의 취향을 신속하게 출시하기 위해
서 제조, 마케팅 관련 외부 업체를 통합 확대시켜 경쟁 우위를 확보하는
사례도 있다.

■ 독창성

기업이 지속적으로 경쟁 우위를 갖는 비즈니스 모델을 구축하기 위해서
는 타 기업의 모방을 차단할 수 있는 방어 전략의 구축이 필요하다.

우선 자사의 장점을 극대화할 수 있는 비즈니스 모델을 설계한 후 핵심
구성 요소의 지속적이고 질적인 진화 활동을 통해서 기존 기업의 모방에
대응할 수 있다.

예를 들어, 애플이 다양한 기능을 제공하는 앱사이트의 다운로드를 가능
하게 하는 '앱 스토아'를 통해 독창성의 우위를 누리는 것이다.

○— [비즈니스 모델]은 왜 필요한가?

　[비즈니스 모델]이 [경영전략]과 관련하여 필요한 이유는 비즈니스 모델을 구성하는 내용 자체가 한 조직의 경영 전략을 곧바로 나타내는 수단으로 활용할 수 있기 때문이다.

　그래서 진행하고자 하는 사업 내용을 [비즈니스 모델 9캔버스]로 표현하여 1장의 문서를 갖고 있으면 해당 사업의 전체 내용을 한눈으로 살피는데 있어 전혀 지장이 없다고 해도 큰 무리는 없을 것이다.

　[비즈니스 모델]을 수립하여 문서화하게 되면 기업 조직에 어떤 유익한 면이 있는지 살펴보기로 하자.

● 사업을 하고자 하는 조직은 어떻게 돈을 벌어들일 수 있는지를 비즈니스 모델을 통해 구체적으로 생각이 정리되어져 있다.

　만약에 단순히 막연한 아이디어로 아무 준비 없이 바로 사업을 전개하게 되면 십중팔구 실패하는 것이 현실이다. 비즈니스 모델 9캔버스 작성을 통해 비즈니스 모델을 기획하는 것 자체는 간단할 수 있지만 비즈니스 모델에 대해 고민하고 계속 발전시켜 나가는 과정을 통해서 **사업의 성공에 대한 확신을** 가지게 된다.

● 사업은 외부의 투자자나 이해관계자에게 **조직의 방향**을 구체적으로 보여주어야 할 때, [비즈니스 모델]은 그 역할을 충분히 할 수 있다. 자신 있게 정리한 내용을 보여주고 사업이 성공할 수 있다는 설득력을 보여 주기 위한 수단으로서 비즈니스 모델은 아주 유용하게 활용될 수 있다.

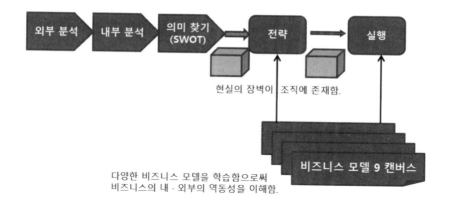

현실의 장벽이 조직에 존재함.

비즈니스 모델 9 캔버스

다양한 비즈니스 모델을 학습함으로써
비즈니스의 내·외부의 역동성을 이해함.

여기서 잠깐

☞ 비즈니스 모델 9 캔버스로 비즈니스 내용을 한번 정리하는 것으로 작업이 끝나는 것이 아니라 실제 신제품 개발을 통해 시제품 등으로 실현되고, 그에 대한 평가 내용에 따라 수정하고 정리하는 과정을 반복해야만 한다.

그리고 작성한 내용의 성공 가능성에 대해 판단할 수 있게 그 실현 가능성에 대한 관련 근거 자료가 첨부되기도 한다.

[비즈니스 모델]은 어떻게 수립하는가?

글을 쓰거나 말을 할 때 분류와 순서는 매우 중요하다. 표현하려는 것이 많은 경우에 그것을 모두 한꺼번에 나열한다면 제대로 전달이 안될 것이다. 그리고 각각의 내용들이 쉽게 이해될 수 있도록 논리적인 순서로 구성되어야 한다. 예를 들어 9개의 구성 요소를 작성할 때 그 모두를 한꺼번에 작성하는 것보다는 우선 네가지로 대분류하고, 각 대분류 항목은 다시 몇 개의 중분류로 구성되는 방식이 효율적이다.

일반적으로 비즈니스 모델을 수립하기 위해서는 우선 먼저 '목표'라 할 수 있는 [고객 관계 모델]을 설정하고, 그 목표를 달성하기 위한 '전략' 내용을 담고 있는 [가치 생성 모델]을 수립한다.

그 다음으로 목표 달성을 위해 실제로 '실행'하는 것을 수치 중심으로 표현한 [수익 모델]과 [비용 모델]을 작성하는 것으로 비즈니스 모델, 다른 표현으로 '작은 경영전략 계획'의 수립을 완성한다고 할 수 있다.

■ **목표 설정**: 고객 관계 모델 군에 속하는 목표 고객, 가치 제안, 고객 관계, 전달 체계를 통해 목표가 설정되어진다.

☞ 먼저 사업을 왜 하려는 지, 목적(Why)을 분명히 해야 한다. 그 내용이 추상적이고 철학적인 내용으로 구성되어도 좋고 구체적이고 직접적인 내용으로 구성되어지면 더 바람직하다. 그리고 달성하고자 하는 목표 (What)를 설정해야 한다.

비즈니스 모델(business model)의 각 단계별로 고려할 방향을 제시해 보면 다음과 같다.

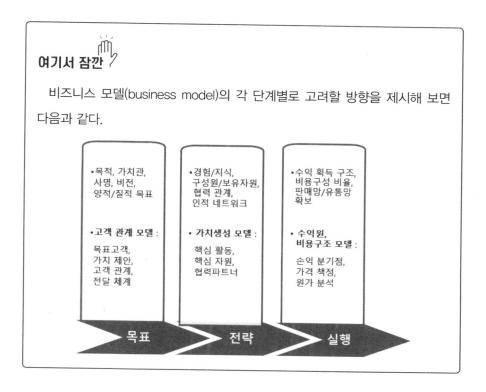

목표는 구체적이어야 하고, 측정 가능하고, 달성 가능한 내용을 언제까지 달성할 것인지를 결정해야 한다. 이때 그 목표의 대상이 되는 목표 고객(Who)을 결정하는 것이 중요하다.

목표가 정해지게 되면 자사가 선정한 분야에서 잘하는(How) 역할이 무엇인지 찾아야 한다. 지속 가능한 경쟁력을 갖추기 위해서는 경영 관리, 재무, 인사, 영업, 마케팅, 연구 개발, 고객 서비스 등의 다양한 업무 기능에서 독특한 핵심 역량을 바탕으로 가치를 만들어 내야 한다.

이러한 작업의 결과로 누구에게 무엇을, 어떻게, 어떤 가치를 왜 제공할 것인지를 구체화할 수 있게 된다.

비즈니스의 시작은 '고객'이다. 고객을 제대로 이해하지 못하면 비즈니스의 핵심을 찾을 수 없다. 우리의 고객이 누구이고 이들이 무엇을 원하는지, 이들의 요구를 어떻게 전달해 어떤 관계를 유지할 지 생각해 보는 것이 비즈니스의 첫걸음이다.

이것을 고객 관계라고 하는데 고객의 요구를 살펴 완벽한 고객 관계를 구축하려면 고객관계 모델의 구성 요소인 **목표 고객, 가치 제안, 고객 관계 형태, 전달 체계**에 대한 질문에 답변을 준비해야만 한다.

● **목표 고객:**
 – 우리는 누구를 위하여 가치를 창출하는가?
 – 우리의 가장 중요한 고객은 누구인가?

☞ 목표 고객군과 그에 상응하는 시장이 정의되어야 한다. 물론 시장의 크기, 규모도 포함되어야 한다.
 : 매스 마켓, 틈새시장, 다면 시장, 세분화가 명확한 시장, 세분화가 혼재된 시장 등이 있을 수 있다.

● **가치 제안:**
 – 고객들에게 어떤 가치가 제공되는가?
 – 제공할 수 있는 차별화된 가치는 무엇인가?
 – 우리가 제공하는 가치가 고객들의 니즈를 충족시키고 문제점을 해결해 주는가?

☞ 가치 제안에는 고객의 욕구와 제품 및 서비스에 대한 설명, 고객을 위한 상품의 효용과 가치에 대한 설명이 필요하다.
 : 새로움, 고객 맞춤형, 디자인, 브랜드 지위, 가격, 비용 절감, 리스크 절감, 접근성, 편리성, 유용성

- **고객 관계:**
  - 고객들은 어떤 유형의 고객 관계를 만들고 유지하고 싶어하는가?
  - 우리는 어떤 고객 관계를 형성했는가?

  ☞ 고객과의 관계는 각각의 고객 세분 시장별로 특징적으로 확립되고 유지된다.
  : 대면 해결, 셀프 서비스, 자동화 서비스, 커뮤니티 형성, 협력 관계

- **전달 체계:**
  - 어떤 채널을 통해서 우리 고객들에게 전달하려고 하고 있고 현재는 어떻게 전달하고 있는가?
  - 어떤 채널이 가장 효과적이며 효율적인가?

  ☞ 조직이 전달하는 가치는 커뮤니케이션, 물류, 영업 채널 등을 통해 고객에게 도달한다.
  : 영업부서, 웹사이트, 직영 매장, 파트너 매장, 도매상

■ **전략 수립:** 가치 생성 모델 군에 속하는 핵심 활동, 핵심 자원, 협력 파트너를 통해 전략이 반영되어 진다.

  ☞ 조직의 경험과 지식, 역량 등을 통해 보유한 전달 체계(채널), 목표를 함께 달성해 나갈 구성원들과 필수적으로 사용될 핵심 자원, 그리고 목표 달성을 지원할 외부의 협력 네트워크인 협력 파트너를 기반으로 전략을 형성해 나가야 한다.
  고객을 위한 가치를 우리만의 독특한 방식으로 만들어 내고(핵심 활동,

핵심 자원), 이것을 실현할 수 있는 프로세스를 구축해야 한다(핵심 활동). 여기에 외부 파트너들과의 질 높은 협력 관계를 구축해야만 전략은 그 모습이 뚜렷해질 수 있다.

● **핵심 활동:**
 – 우리의 가치 제안은 어떤 활동을 필요로 하고 있는가?
 – 고객 관계를 위해서, 채널을 위해서, 수익원을 위해서 어떤 활동이 필요한가?

☞ 비즈니스를 성공적으로 운영하기 위해서 가장 중요한 행동을 열거하자면 가치를 창조, 제공하고 시장에 접근하여 고객층과 관계를 유지하며 수익원을 만드는 것을 들 수 있다. 이를 위해 필요한 핵심 활동의 유형을 결정하는 과정이다.
 : 생산 활동, 문제 해결 활동, 플랫폼/네트워크

● **핵심 자원:**
 – 가치 제공을 위해 갖추어야 할 핵심 자원은 무엇인가?
 – 고객 관계를 위해서, 채널을 위해서, 수익원을 위해서 어떤 자원이 필요한가?

☞ 핵심 활동의 전개를 위해 필요한 자원에 대한 리스트 열거 작업을 진행해야 한다.
 : 물적 자원, 지적 자산, 인적자원, 재무 자원 등에 대한 구체적인 종류와 규모를 준비해야 한다.

● **협력 파트너:**

- 누가 핵심 파트너인가?
- 우리의 핵심 공급자는 누구인가?
- 핵심 자원 확보 및 활동 수행을 위해 어떤 외부 파트너를 확보해야 하는가?

☞ 특정한 활동들은 외부의 파트너십을 통해 수행하며(아웃소싱), 일부 자원 역시 조직의 외부에서 얻는다.

: 파트너십을 구축하는 이유는 최적화와 규모의 경제를 위해서, 리스크와 불확실성의 감소를 위해서, 부족한 자원/역량을 획득하기 위한 필수적인 대안이기 때문이다.

■ **전략 실행:** 수익원, 비용 구조 모델 속에 전략은 실제로 성과를 위해 제대로 반영되어 실행되고 있는가를 면밀히 주시해야 한다.

● **수익원:**

- 고객들은 어떤 가치를 위해 기꺼이 돈을 지불하는가?
- 현재 무엇을 위해 돈을 지불하고 있으며, 어떻게 지불하고 있는가?
- 고객들은 어떻게 지불하고 싶어 하는가?
- 각각의 수익원은 전체 수익에 얼마나 기여하는가?
- 손익분기점 매출액과 가격 책정은 제대로 분석되어 실행되고 있는가?

☞ 비즈니스 모델의 심장이 고객이라면 수익원은 그 동맥이고 비용 구조는 활동을 위한 에너지이다.

: 물품 판매, 이용료, 가입비, 대여료/임대료, 라이센싱, 중개 수수료

● **비용 구조:**

  – 가치 제공에 필요한 중요한 비용은 무엇이며 어떻게 최소화할 수 있는가?

☞ 비즈니스 모델에서 비용이란 고객에게 제공할 가치를 만들고 전달하는 과정에서 발생하는 각종 경비를 말한다. 비용 구조는 크게 비용 주도적인 것과 가치 주도적인 것으로 나눌 수 있다.

  : 고정비(제조업은 고정비율이 높음.),

  변동비(서비스업은 변동비율이 높음.),

  규모의 경제(산출량이 늘어나면 비용 대비 효과가 커짐.),

  범위의 경제(운영 범위를 넓히면 비용 대비 효과가 커짐.)

▶ **비용 주도 비즈니스:** 비용 절감에 최대한 초점을 맞춰야 한다. 가능한 한 최소 비용 구조를 만들고 그를 유지하는 것이 목적이 된다. 이를 위해 저가 정책, 최대한의 자동화, 아웃소싱 확대 등의 방법을 사용해야 한다.

▶ **가치 주도 비즈니스:** 비용보다는 가치 창조에 더 초점을 맞추게 된다. 고도의 맞춤 서비스, 브랜드 지위 관련 가치 제안을 내용으로 하는 비즈니스가 주요 사례가 된다.

여기서 잠깐 ✋

☞ **[플랫폼]이란** 공급자와 수요자 그룹이 특정한 공간에 참여하여 각 그룹이 얻고자 하는 가치를 공정한 거래를 통해 교환할 수 있도록 구축된 환경을 지칭한다. 그리고 비즈니스적으로는 참여자들의 접촉과 상호 교류를 유도하여 모두에게 유익한 가치와 혜택을 제공해 줄 수 있는 공간을 가리키기도 한다.

☞ **[네트워크]는** 사람들을 연결시키고 지위나 집단이나 조직을 연결시키는 관계를 지칭한다.

☞ **[규모의 경제]는** 산출량이 증가할 때 총 생산비용은 이에 정비례하여 발생하지 않음으로 인해 기업이 누리는 생산원가상의 경제적인 효과를 말한다. 이는 고정비가 전체 산출량에 분산됨으로써 발생하는 원가상의 이점이다. 그러나 특정 산출량에 이르러서 추가적인 고정비를 투여해야 할 때는 이 효과를 누릴 수 없게 된다.

☞ **[범위의 경제]는** 여러 상품을 취급함으로써 단일 상품만을 생산하는 기업보다 낮은 비용으로 생산하는 경우에 누리는 원가상의 이점을 지칭한다. 이는 간접원가가 여러 상품 생산에 분삼됨으로써 얻어지는 효과이다.

비즈니스 모델 9 캔버스

　사업 구상에 있어서 가장 중요한 부분인 비즈니스 모델은 그 개념이 매우 쉽고 모든 사람이 이해할 수 있도록 만들어야 한다. 이러한 이유로 5가지 비즈니스 영역을 바탕으로 하여 9가지 블록을 표현한 실천적인 방법으로서 **비즈니스 모델 9 캔버스**가 만들어 졌다.

　9가지의 블록(목표 고객, 가치 제안, 전달 체계, 고객 관계, 핵심 활동, 핵심 자원, 파트너, 수익원, 비용 구조)을 하나의 캔버스에 그려 넣은 것이 비즈니스 모델 9 캔버스이다.

■ 비즈니스 모델 9 캔버스는 5가지 영역과 9가지의 블록으로 구성되어 있다.

　5가지 영역은 제품에 대한 개념을 설명하는 '무엇을'(what), 목표 고객을 나타내는 '누구에게'(who), 제품의 필요 자원, 전략 등을 포함하는 '어떻게'(how), 그리고 예상 비용(cost)을 산정하고 수익(profit)을 측정하는 '얼마나'(how much)로 구성되어 있다.

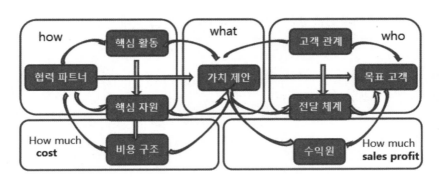

여기서 잠깐

☞ 비즈니스를 진행한다는 것, 즉 사업을 한다는 것의 정확한 정의를 이 시점에서 해 볼 필요가 있다. 사업이란 누군가(고객, who)에게 가치가 담긴 무언가(상품,what)를 어느 정도의 비용(원가, cost)을 들여서 얼마의 가격(수익, price)으로 만들어서 어떤 판매망(채널, channel)을 통하여 필수 자원(핵심 자원)을 긴밀한 관계를 유지하고 있는 외부의 제휴망(핵심 파트너)의 도움과 지원을 받으면서 효율적인 활동(핵심 활동)을 전개하는 것을 말한다.

● 비즈니스 아이디어를 막연히 머리의 생각에만 의존해서 문자로 확정 지어 놓지 않고 불완전한 기억과 수시로 바뀌는 감정에만 의존하여 의사 결정을 하려는 잘못된 습관은 우리에게 무척 달콤하게 다가온다.

아무리 기발하고 획기적인 비즈니스 아이디어라 하더라도 이런 잘못된 습관에 젖어 들게 되면 비즈니스는 끝내 추진 동력을 잃어버리고 단지 신기루 같은 몽상에 머물게 되고 결국 쓰라린 실패로 마감하게 된다.

● 이에 반해 초우량 기업들은 공통적으로 비즈니스를 뒷받침하고 구성하고 있는 핵심 요소를 차분히 되새기며 핵심 요소의 구성 요인을 일관되고 세밀하게 점검하고 구성 내용들을 정의하고 확정하는 과정을 거친다. 그리고 고객과 시장에서 요구하고 있는 바를 치밀하게 실수 없이 상품에 담아 적정한 가격으로 시장에 내놓는다.

사 례 ◎

　성공적인 성과를 거둔 사업의 비즈니스 활동의 이면을 조사, 분석해 보면 한 가지 공통점이 있다.

　그 공통점은 바로 "비즈니스 모델 9 캔버스" 수립 과정을 한 번으로 그치는 것이 아니라 이 수립 과정을 수없이 반복하여 다듬고 수정, 보완함으로써 완성된 완벽에 가까운 사업 실행 구조를 갖추고 있다는 것이다.

비즈니스 모델 9 캔버스 작성 방법

(1) 목표 고객

목표 고객은 비즈니스 모델을 구상할 때 가장 먼저 설정해야 할 요소 중의 하나이다. 모든 고객층들이 동일한 제품에 대해 동일한 반응을 보이지는 않는다. 그래서 고객을 일정한 기준에 의해서 분석하여 분류를 하는 것은 비즈니스 모델을 디자인하는 데 필수적이다.

고객층을 분류하는 방법에는 마케팅에서 사용하는 고객 세분화 분류 기준이 있다.

☞ **고객 세분화**

▶ 소비자 시장 세분화 기준: 지리적/지역 기준(지역, 행정구역, 인구 밀도), 인구 통계적 기준(성별, 연령, 소득, 직업), 행동적 기준(사용 기회, 추구 가치, 사용 여부, 사용률, 충성도), 심리적 기준(라이프 스타일, 성격/취미/취향)

▶ 산업 시장 세분화 기준: 최종 사용자 기준(제조업체 사용, 정부기관 사용, 유통업체 사용), 고객 규모 기준

(2) 가치 제안

목표 고객이 결정되면 해당 고객층이 수용할 수 있는 가치를 만들어 내게 된다. 이때의 절차를 거쳐 제공하고자 하는 가치의 내용을 특정하게 정의한다. 제공하는 가치는 양적인 것(가격, 전달 속도)과 질적인 것(만족 사

항)으로 크게 나눌 수 있다.

구체적으로 성능, 참신성, 디자인 수준, 브랜드, 적합성, 가격, 편리성, 위험 감소 등이 고려가 되는 요소들이다.

(3) 전달 체계(채널)

기업이 목표 고객층과 소통을 하면서 동시에 가치 제안을 전달하는 역할을 수행하는 것이 전달 체계(채널)이다. 채널을 통해 소통과 유통, 영업 등이 이루어지며 인터페이스가 된다. 고객 입장에서는 회사와 접촉이 이루어지는 접촉점이고 기업 입장에서는 고객 경험이 이루어지는 관문 역할을 하게 된다.

☞ 채널의 역할 기능

▶ 고객들이 특정 제품이나 서비스를 구입할 수 있음.

▶ 기업이 고객에게 가치 제안을 직접 전달

▶ 기업의 제품/서비스에 대한 이해도와 인지도를 올림.

▶ 구매 이후의 고객에 대한 지원을 수행함.

(4) 고객 관계

고객 관계는 목표 고객층과 기업이 맺는 관계의 유형을 의미한다. 각각의 고객층마다 어떤 유형의 관계를 맺는지 명확히 해야 하는데, 개인적인 관계부터 자동화된 단계에 이르기까지 다양한 관계 전략을 세울 수 있다.

고객 관계는 기본적으로 다음과 같은 동기를 가지고 운영할 수 있다.

▶ 고객층 확대

▶ 기존 고객 유지

▶ 매출의 확대

이동통신 사업자의 경우 초창기 이동통신 사업자의 고객 관계 전략은 주로 공격적인 신규 고객 확보에 초점을 맞춘다. 이를 위해 무료 휴대폰을 나누어 주는 것이 좋은 밑거름이 된다.

이후 일단 시장이 확장, 포화가 되면 기존 고객 유지가 중요해 지면서 동시에 고객 1인당 매출을 어떻게 올릴 수 있을 지가 중요해 진다.

(5) 수익원

수익원은 고객들에게 전달하고자 하는 가치를 성공적으로 제공하고 얻는 대가를 모두 나열한다. 대표적인 수익원은 물품 가격, 이용료, 부품 교체료, 라이센싱, 가입비 등을 들 수 있다.

(6) 핵심 자원

핵심 자원을 통해 비즈니스 모델은 작동하는 원동력을 얻을 수 있으며 고객에게 전달할 수 있는 가치 제안이 만들어 질 수 있다. 비즈니스 모델에 따라 서로 다른 형태의 핵심 자원을 필요로 한다. 예를 들어 반도체칩 생산 회사는 자본 집중적인 생산 시설이 필요하지만 반도체 설계 회사는 유능한 설계 인력이 핵심 자원이 된다.

핵심 자원은 유형자산, 자본, 지적 자산, 사람 등이 될 수 있으며, 이를 소유하거나 임차해 쓰거나 핵심 파트너들에게 도움을 받아서 획득하고 이용할 수 있다.

(7) 핵심 활동

핵심 활동은 비즈니스 모델을 작동시키기 위해 반드시 수행해야 할 일들을 의미한다. 핵심 활동은 가치를 담은 상품을 만들고 시장에 접근해서 고객 관계를 유지하고 매출을 유지하는데 근간이 되는 활동을 가리킨다.

(8) 비용 구조

비용 구조는 비즈니스 모델을 운영하면서 발생하는 모든 비용이 어떻게 발생하는 지에 대한 내역을 담고 있다. 가치를 창조하고 전달하고 고객 관계를 유지하고 매출을 발생시키는 데에는 비용이 발생한다.

이런 비용 내역은 핵심 자원, 핵심 활동, 핵심 파트너들이 명확해 지면 쉽게 계산이 가능하다.

▶ 비용 주도형 상품: 경제적인 가격 자체가 중요한 가치를 형성하는 상품으로서 주로 일용 필수품이 해당된다.
▶ 가치 주도형 상품: 가격보다는 상품 가치가 더욱 중요해지는 프리미엄 상품, 귀중품이 이에 해당된다.

(9) 협력 파트너

협력 파트너는 비즈니스 모델을 작동하는데 필요한 협력 대상들을 말하는 것으로 파트너십은 비즈니스 모델을 최적화하고 위험을 감소시키며 부재한 자원을 보강하는데 매우 중요한 역할을 한다.

▶ 신뢰성 있는 거래 관계의 구매−공급 관계
▶ 제휴 협력 관계의 동종 업체
▶ 비즈니스 활동 지원 업체

〈비즈니스 모델 설계의 단계별 내용〉

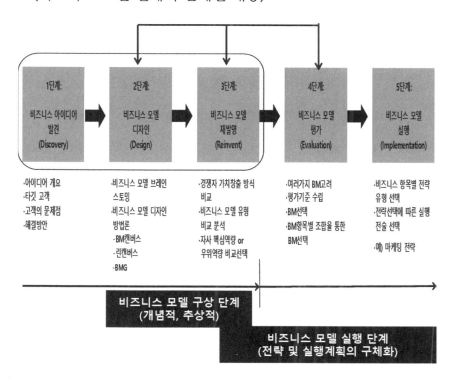

〈비즈니스 모델 9 캔버스 포함 내용〉

KP 협력 파트너	KA 핵심 활동	VP 제공 가치	CR 고객 관계	CS 목표 고객
• 핵심 파트너와 핵심 공급자는 누구인가?	• 어떤 활동이 가치 형성에 도움이 되는가?	• 고객에게 어떤 가치를 전달할 것인가?	• 고객은 어떤 방식의 관계가 형성되기를 원하는가?	• 우리는 누구를 위해 가치를 창조하는가?
• 파트너로부터 어떤 핵심자원을 얻는가?		• 어떤 가치가 고객 문제 해결에 도움이 되는가?	• 우리는 어떤 고객 관계를 형성했는가?	• 우리의 가장 중요한 고객은 누구인가?
• 파트너들은 어떤 핵심활동을 수행하는가?	**KR 핵심 자원**	• 현재 어떤 가치를 제안하고 있는가?	**CH 유통 채널**	
	• 가치 제안을 위해 어떤 자원이 필요한가? : 자원내용, 활용방법	• 고객의 어떤 필요를 충족시키고 있는가?	• 어떤 채널을 통해서 고객에게 도달해야 하는가?	

C₩ 비용 구조	R₩ 수익원
• 가장 중요한 비용은?	• 고객은 실제로 어떤 가치에 대해 지불하고 있는가?
• 가장 비싼 핵심 자원/활동은 무엇인가?	• 각 수익원은 전체 수익에 얼마나 기여하고 있는가?

작성 사례 : 패스트 패션 사업의 비즈니스 모델

KP 협력 파트너	KA 핵심 활동	VP 제공 가치	CR 고객 관계	CS 목표 고객
• 파트너들은 어떤 핵심 활동을 수행하는가? – 신속한 의류 생산 업체 – 물류 업체	• 어떤활동이 가치 형성에도움이되는가? – 신속한 디자인과 물류 배송 활동	• 고객에게 어떤 가치를 전달할 것인가? – 저렴한 트렌드의류 – 스피디한 패션 업데이트	• 우리는 어떤 고객 관계를 형성했는가? – 회원 제도를 통한 고객로열티 지향	• 우리는 누구를 위해 가치를 창조하는가? – 20~30대 청년층 • 우리의 가장 중요한 고객은 누구인가? – 회사원 여성 고객
	KR 핵심 자원 • 가치 제안을 위해 어떤 자원이 필요한가? – 인적 자원 (패션 디자이너, 마케터,기획인력)		**CH 유통 채널** • 어떤 채널을 통해서 고객에게 도달해야 하는가? – 직영 매장 – 온라인 쇼핑몰	

C₩ 비용 구조	R₩ 수익원
• 가장 중요한 비용 절감을 위한 핵심 활동은 무엇인가? – 마케팅 비용의 최소화 – 제품 재고의 최소화	• 고객은 실제로 어떤 가치에 대해 지불하고 있는가? – 부담 없는 매장 방문이 가능하고 아이 쇼핑 가능 – 경제적인 가격의 좋은 의류 품질

☞ 비즈니스 모델은 아이디어 및 기술을 가지고 경제적 성과를 연결하는 프레임워크이고 어떻게 조직이 가치를 창출하고 전달하고, 획득하는지를 논리적으로 정리해 놓은 것이다.

부록

1. 비즈니스 모델의 여러 유형

수적 우위   적용 상황: 자원이 한정된 지방 소재 사업자가 실행할 수
있음.

▶ 개요: 특정 지역에 경쟁사가 진입할 여지를 주지 않고 매장을 많이 출
점함. 매장 간 경쟁도 감수함. 각 매장 효율은 낮아지지만 배송이나 광
고 등의 업무 효율이 향상됨.
예) 세븐일레븐, 스타벅스

가치생성 모델	협력 파트너	핵심 활동	제공 가치	고객 관계	목표 고객	고객관계 모델
	• 타 지역을 점령한 사업자와 자원 확보, 고객 편의성 확보면에서 제휴가 가능함.	• 활동 범위를 특정 지역 내로 한정하여 집중 실행함.	• 지리적 인접성을 제공함.	• 지역 접근성에 기초한 관계. • 해당 지역에서 일등을 지향함.	• 한정된 지역에서 고객 독점을 목표로 함.	
		핵심 자원 • 특정 지역에 자원을 집중 투입할 수 있음.		**유통 채널** • 미리 정하지 않음.		
	비용 구조 • 물류비/광고비를 절약할 수 있음.			**수익원** • 중가격 수준으로 하여 독점 이익을 향유함.		

▶ 경쟁 우위: 타 경쟁사가 진입하기에는 장벽이 높음.
▶ 유의 사항: 가맹점과 마찰이 존재할 수 있음.

특정 시장 지배   적용 상황: 주로 틈새시장에 적용함.

▶ 개요: 특정 제품/서비스에서 압도적인 점유율을 획득함으로써 고객 확
보와 자원 − 제공 가치 사이에 선순환을 낳아 안정적인 우위를 점함.
예) 전문 의료기, 전문 의약품 회사

가치생성 모델	협력 파트너	핵심 활동	제공 가치	고객 관계	목표 고객	고객관계 모델
	•업계 순위가 높은 동종업계 종사자	•업무 활동의 효율성이 높아지고 비용 절감의 노하우를 조기에 획득 (경험 곡선 선행)	•특정 제품/서비스에 집중하여 해당 영역에서 전문적인 가치를 생성	•특정 제품, 서비스에 대해 전문가의 조언을 받을 수 있고 기업이 쉽게 철수하지 않을 것이라는 신뢰를 가짐.	•특정 제품/서비스 시장의 고객에 대해 높은 점유율을 유지함.	
		핵심 자원		**유통 채널**		
		•양질의 정보와 유능한 인재가 모이고 효율적인 자원 활용법을 보유하게 됨.		•전문적인 거래를 영위하는 유통 채널		
	비용 구조			**수익원**		
	•자원 활용과 업무 활동의 효율성이 높아져 비용을 낮출 수 있음.			•타사와 비슷한 가격대 유지		

▶ 경쟁 우위: 높은 점유율 → 집객 효과 → 더 높은 점유율의 선순환
▶ 유의 사항: 전문성을 유지해야 함.

적용 상황: 선진국에서 시장 성장이 멈춘 산업(거의 모든 업종)

협력 파트너	핵심 활동	제공 가치	고객 관계	목표 고객
• 현지 기업과의 제휴를 고려해야 한다.	• 글로벌 환경에 맞추어 업무 활동을 배치한다. 현지생산 체계를 갖출 필요가 있다.	• 국내에서 검증된 제품/서비스를 제공한다. 저가격을 유지해야 한다면 의도적으로 품질을 낮추기도 한다.	• 고품질의 제품/서비스를 제공한다.	• 신흥국 시장에서 신규 사용자를 얻는다.

가치생성 모델 / 고객관계 모델

핵심 자원	유통 채널
• 지적 자산, 생산 설비, 자원을 국가 간에 공유한다.	• 진출국의 현지 채널을 개척한다.

비용 구조	수익원
• 경쟁사보다 유리한 비용 구조를 만든다.	• 신흥국 시장에서는 타겟 고객층에 맞는 가격대를 유지해야 한다.

▶ 경쟁 우위: 선진국에서의 경험을 바탕으로 신흥국에서도 우위 유지함.

▶ 유의 사항: 원가 우위를 유지해야 하고 해외에서의 경영 방식, 인적 자원 관리에 유의함.

고객 라이프 사이클 관리   적용 상황: B2C(기업과 소비자간 거래)에 적용됨.

▶ 개요: 고객의 성장에 따라 변하는 니즈와 취향, 소득에 맞춰 제공 가치의 다양성을 유지하고 고가격, 고수익 제품/서비스를 유도함.

예) 현대자동차, 프리미엄 패션 의류업체

<table>
<tr><th rowspan="4">가치생성 모델</th><th>협력 파트너</th><th>핵심 활동</th><th>제공 가치</th><th>고객 관계</th><th>목표 고객</th><th rowspan="4">고객관계 모델</th></tr>
<tr><td rowspan="3">• 빅 데이터 분석 기관</td><td>• 고객 이탈이 일어나지 않도록 제품 교체시기에 CRM 활용함.
제품 연계전략 구사</td><td rowspan="3">• 조작성이나 호환성을 유지하여 연령대 변화에 따라 계속 사용이 가능하게 함.</td><td>• 제품/서비스에 익숙하게 하거나 CRM을 통해 고객 관계를 확보하여 평생에 걸쳐 유지함.</td><td rowspan="3">• 자사의 제품이나 서비스를 사용하는 고객을 가능한 한 젊을 때 접근함.</td></tr>
<tr><td>핵심 자원</td><td>전달 체계</td></tr>
<tr><td>• 고객 관계 데이터</td><td>• 지사, 직영점, 신뢰 형성 대리점</td></tr>
<tr><td colspan="4">비용 구조

• 초반에는 수익성이 낮지만 후반에는 수익성이 좋아짐.</td><td colspan="3">수익원

• 진입 제품은 저가에 판매하고 서서히 가격을 높여감.</td></tr>
</table>

▶ 경쟁 우위: 제품 연계, 친숙함, 호환성 등을 무기로 고객의 이동을 막음.

▶ 유의 사항: 고급 제품만 취급하게 되면 비즈니스 모델 자체가 파괴될 수 있음.

구매 대행 적용 상황: 기본적으로 유통업자가 채택하는 모델임.

▶ 개요: 규모의 경제로 저렴한 가격을 실현하는 것과 고객 이해에 기초하여 최적의 제품을 선별해 제공하는 것임.

예) 아마존(의류)

	협력 파트너	핵심 활동	제공 가치	고객 관계	목표 고객	
가치생성 모델	• 저렴한 가격을 제시하는 공급처 • 고객의 기호에 맞는 제품을 보유한 공급처	• 최적의 제품을 선별하는시스템과 프로세스 구축 활동 **핵심 자원** • 맞춤 서비스를 위한 다양한 정보와 마케팅 정신	• 물건을 판매하는 것이 아니라 저렴한 가격이나 최적의 물건을 엄선하여 전달하는 서비스임.	• 사용자가 판매처가 되지 않고 업무 위탁자가 됨. **전달 체계** • 사용자와 직접 연결되어짐.	1. 가격 민감도가 높은 고객 2. 구매 판단에 자신이 없는 고객	**고객관계 모델**
	비용 구조 • 구매 원가는 사용자가 부담함. 통상 재고는 없음.			**수익원** • 고객으로부터 구매 대행의 수수료를 받음.		

▶ 경쟁 우위: 고객은 복수의 대행사를 두고 싶어 하지 않으므로 안정적 관계가 가능.

▶ 유의 사항: 맞춤 서비스에 대한 역량을 지속적으로 유지하지 않으면 고객이 이탈함.

플랫폼　적용 상황: 다양한 거래나 시장에 적용 가능함.

▶ 개요: 자사가 구축한 무대에서 사용자들이 교류하고 이를 자원으로 더 많은 사용자가 모이는 선순환을 일으켜 우위를 유지할 자원을 직접 분류 · 배치하는 플랫폼도 존재함.

예) 페이스북, 야후옥션

<table>
<tr><td rowspan="2">가치생성 모델</td><td>협력 파트너</td><td>핵심 활동</td><td rowspan="2">제공 가치</td><td>고객 관계</td><td>고객층</td><td rowspan="4">고객관계 모델</td></tr>
<tr><td rowspan="3">• 다른 플랫폼과 연계하는 것도 가능</td><td>• 사용자간 커뮤니케이션을 지원하기 위한 절차와 형식을 구축, 운영함.</td><td>• 구축된 무대에서 사용자들이 교류하고 정보를 교환하기 때문에 비교적 충성도가 높아짐.</td><td rowspan="3">• 사용자는 다양한 종류의 사람일 수도 있고(구매자, 판매자) 동질적인 성격의 사람일 수 있음 (SNS).</td></tr>
<tr><td rowspan="2">핵심 자원</td><td rowspan="2">• 사용자간 만남, 거래, 커뮤니티 형성, 가치 발견 등을 지원함.
다른 사용자의 존재 자체가 제공가치가 됨.</td><td>전달 체계</td></tr>
<tr><td>• IT 시스템과 조직 구조가 업무 활동을 지원함.</td><td>• 온라인, 오프라인의 교류 무대</td></tr>
<tr><td colspan="3">비용 구조

• 고정비 위주라서 사용자가 늘면 수익성은 양호</td><td colspan="3">수익원

• 소액의 가입비, 광고 수수료</td></tr>
</table>

▶ 경쟁 우위: 네트워크 효과가 작동되어 사용자가 사용자를 끌어오게 됨.

▶ 유의 사항: 1위 기업이 시장을 석권하는 경향이 강함.

적용 상황: 수요가 정체되어 있고 차별화가 곤란한 상황에서 유효함. 제품 라이프 사이클 후반에 적용됨.

▶ 개요: 제품 판매에서 더 나아가 고객이 맞닥뜨릴 문제를 해결하는 것으로 제공 가치를 확대함. 이로써 고객의 본질적인 니즈를 충족하는 것이 목표가 됨.

예) IBM

	협력 파트너	핵심 활동	제공 가치	고객 관계	고객층	
가치생성 모델	• 고객의 문제를 해결하기 위해 타사의 자원(인적/물적 자원)을 활용해야 함.	• 해결책 제시를 위한 컨설팅 활동이 필요	• 물건을 제공하는 것이 아니라 문제를 해결함(물건은 문제를 해결하기 위해 구매하는 수단에 불과함). 이를 위해 여러종류의 물건을 조합하고 제공 상품의 범위가 넓어짐.	• 고객이 판매자에 의존하게되어 타사로 이동하는 것이 곤란해지고 판매자는 고객 정보에 의해 재거래에 유리해짐.	• 솔루션이라는 부가가치에 대해 지불 능력이 있고 평가할 수 있는 성숙도를 갖추고 있는 고객이 대상이 됨.	**고객관계 모델**
		핵심 자원 • 전문 컨설턴트		**전달 체계** • 고객과의 밀접한 커뮤니케이션이 필요함.		
비용 구조 • 초기에는 비용이 많이 들지만 이후에는 비용이 줄어든다.			**수익원** • 가치에 기반한 가격 산정이 가능해 짐.			

▶ 경쟁 우위: 고객과의 관계가 굳건하여 경쟁사가 진입할 여지가 적음.

▶ 유의 사항: 기능별이 아닌 고객별로 접근해야 효과적인 모델을 이룰 수 있음.

동질화 적용 상황: 규모의 경제를 달성한 업계 1위 기업이 추진 가능함.

▶ 개요: 업계 1위 기업이 2위 이하 기업이 내놓은 차별성을 모방한 뒤, 규모의 승부로 순위 역전이 불가능하게 함.

예) 코카콜라, 삼성

	협력 파트너	핵심 활동	제공 가치	고객 관계	고객층	
가치 생성 모델	• 필요에 따라 확보하며 궁극적으로 내부 역량화하도록 함.	• 규모의 경제로 업무 효율이 늘고 영업력도 우수해야 함.	• 경쟁사가 내놓는 차별성을 전부 모방하도록 함.	• 업계 1위의 브랜드 파워와 영업력으로 혜택 제공	• 주요 고객층 전체를 고객으로 삼음.	고객 관계 모델
		핵심 자원		전달 체계		
		• 규모의 경제로 자원 효율이 높고 경영 자원도 풍족함.		• 전방위적 채널을 갖춤.		

비용 구조	수익원
• 저비용 실현이 가능함.	• 2위 이하 기업과 동등한 것을 기본으로 함.

▶ 경쟁 우위: 규모의 경제, 범위의 경제 효과에 따른 우위

▶ 유의 사항: 2위 기업이 내놓는 차별성에 대항할 수 있도록 기술 개발에 주력해야 함.

(**언번들링**)　적용 상황: 장기간 규제를 받았거나 독과점이 존재하는 업
　　　　　　　　계에 진입하려는 기업에 적당함.

▶ 개요: 한 세트로 판매하던 제품/서비스를 분해하여 고객이 원하는 부분
만 판매함.

예) 저가 항공사

	협력 파트너	핵심 활동	제공 가치	고객 관계	고객층	
가치생성모델		• 분해되어 판매하기 때문에 그 부분의 업무만 수행됨.	• 세트로 판매하던 것을 분해해 고객이 원하는 것만 판매함.	• 가격 경쟁력으로 접근함.	• 가격 민감도가 큰 고객	고객관계모델
		핵심 자원		**전달 체계**		
		• 제공 가치와 업무량의 감소량에 따라 필요한 설비나 인원도 감소할 수 있음.		• 고객에게 직접 전달함.		

비용 구조	수익원
• 업무량, 자원량의 감소로 비용도 감소됨.	• 저가격을 유지해야 함(추가 구성품은 높은 가격으로 하는 경우도 있음).

▶ 경쟁 우위: 진입 장벽이 있어 일정기간 경쟁력을 보유할 수 있음.

▶ 유의 사항: 가격 조정에 따라 매출의 변화가 크므로 세심한 가격 결정
　　　　　　 이 필요함.

표준화 적용 상황: 호환성이 중요한 제품인 경우 해당됨.

▶ 개요: 자사 제품이 사실상 표준이 됨으로써 안정적인 수요를 확보함. 제품 업그레이드도 담당함으로써 비용과 리스크를 줄임.

예) 마이크로소프트

	협력 파트너	핵심 활동	제공 가치	고객 관계	고객층	
가치생성 모델	• 라이선스를 제공해 제휴처나 경쟁사를 통제 가능함.	• 규모의 경제로 업무 효율이 높고 영업력도 좋음.	• 자사가 제공하는 제품을 실제적으로 표준화시킴.	• 많은 고객이 사용할수록 네트워크 효과가 나타남.	• 가능한 넓은 범위의 고객을 겨냥	고객관계 모델
		핵심 자원		전달 체계		
		• 장래의 수요 예측이 가능하므로 자원 효율성이 높음.		• 다양한 채널 형성이 가능함.		
비용 구조			수익원			
• 표준 제품의 대량 생산으로 경험 곡선 효과를 누릴 수 있음. • 효율적 재고 및 비용 관리가 가능함.			• 가격 결정권이 있게 되어 안정된 수익 구조를 누릴 수 있음.			

▶ 경쟁 우위: 표준적 입지를 굳힐수록 독점적 지위에 오르게 됨.

▶ 유의 사항: 대체품이 등장하여 기능을 대신할 때 표준 자체가 무의미해질 수 있음.

적용 상황: 신규 진입자나 업계 하위권의 도전자에게 적합함.

▶ 개요: 과거 시장에서 제공하던 가치를 수정·조합하여 새로운 가치를 만들고 시장을 선점해 수익을 올림.

예) 닌텐도

가치생성 모델	협력 파트너	핵심 활동	제공 가치	고객 관계	고객층	고객관계 모델
	• 조사 기관 및 연구개발 지원 기관.	• 새로운 가치를 창조하는 연구개발 활동과 새로운 흐름에 적응하는 학습 활동	• 기존가치중 일부를 축소·생략·추가·강화하여 새로운 가치 조합을 창조함.	• 새로운 가치를 조합함으로 기존 고객과 새로운 고객의 호응을 얻음.	• 기존 고객층과 새로운 가치를 높이 평가하는 새로운 고객층	
		핵심 자원		전달 체계		
		• 유연하고 창의적인 연구개발 인력		• 새로운 가치에 맞는 새로운 채널을 구상함.		

비용 구조	수익원
• 제공 가치의 가감에 따라 비용이 증가하거나 감소할 수 있음.	• 가격 자체가 제공 가치가 될 수 있음.

▶ 경쟁 우위: 초반에는 경쟁이 존재하지 않아 독점을 누릴 수 있음.

▶ 유의 사항: 잠재적인 고객층의 니즈에 대한 통찰력이 필요함.

레이저 블레이드   적용 상황: 소모품이나 사후 서비스가 많이 발생하
는 사업

▶ 개요: 최초 제품을 저가에 판매함으로써 구매를 촉진한 뒤, 소모품이나
보수 서비스를 고가에 판매해 이익을 올림. 제품 라이프 사이클 전체가
대상이 될 수 있음.
예) HP의 프린터 사업

	협력 파트너	핵심 활동	제공 가치	고객 관계	고객층	
가치생성 모델	• 경쟁사가 협력관계로 변환될 수 있음.	• 제품 구매를 소모품이나 보수/운영 서비스 구매로 연결하는 구조 조정이 필요함.	• 제품, 관련 소모품, 보수/운영 서비스를 제공함.	• 최초 제품을 할인 판매한 후 소모품이나 보수, 운영 서비스에 대한 공급자 지위를 획득해 거래를 지속함.	• 제품을 구매한 고객, 구매를 망설이는 고객도 편입시킴.	고객관계 모델
		핵심 자원		전달 체계		
		• 가격 설정 마케팅 능력		• 기존의 채널을 지속 활용.		

비용 구조	수익원
• 소모품, 보수/운영 서비스에 대한 추가적인 마케팅 비용이 감소함.	• 최초의 제품은 저가로, 이후 소모품, 보수/운영 서비스는 고가로 설정함.

▶ 경쟁 우위: 애프터 마켓에서 경쟁사와 공존 협력 관계 형성이 가능.
▶ 유의 사항: 최초 제품만 구입하고 나머지 소모품, 서비스는 제 3시장에
서 구입할 가능성이 있음.

프랜차이즈화　적용 상황: 음식업, 서비스업

▶ 개요: 가치 제공 절차를 매뉴얼화하여 인건비를 낮추고 저가격을 실현
함으로써 기존 시장 피라미드의 하단을 공략함으로써 프랜차이즈 운영
이 가능함.
예) 각종 프랜차이즈

	협력 파트너	핵심 활동	제공 가치	고객 관계	목표 고객	
가치생성 모델	• 안정적인 원재료 공급처	• 모든 가치 제공 과정을 절차화하여 균일화하고 매뉴얼을 정비하며 불규칙한 작업을 배제함. 작업을 기계화하고 단순화시킴.	• 메뉴의 수를 줄이고 품질을 안정화하며 맞춤형 제품을 지양함.	• 가격에 의한 고객 유인	• 과거 시장에서 가격 민감도가 높았던 고객(저가 시장의 출현으로 새롭게 등장한 고객층)	고객관계 모델
		핵심 자원		**전달 체계**		
		• 가능한한 기계를 활용함.		• 체인 가맹점		

비용 구조	수익원
• 인건비 단가가 낮아져 원가가 낮아짐.	• 수익률 보다는 대량 판매로 수익을 확보함.

▶ 경쟁 우위: 단순한 가치 제공 절차에 의한 우수한 품질력
▶ 유의 사항: 모방에 약하며 지식 경영이 관건이 됨.

채널 관계성   적용 상황: 정기적으로 구매가 이루어질 수 있는 아이템

▶ 개요: 채널과 최종 고객의 기존 관계 또는 채널이 구축한 관계를 자사
제품 판매에 활용함.

예) 야쿠르트

가치생성 모델	협력 파트너	핵심 활동	제공 가치	고객 관계	목표 고객	고객관계 모델
	• 지속적이고안정 적으로 신뢰 관계 설정이 가능하도록 지원해 주는 협력자	• 세심한 채널 관리 가 필요함.	• 고객에게 친밀하 고 신뢰감을 형성하 여 가치를 제공함.	• 채널과 고객 사이 에 친밀한 관계가 존재하여 구매 판단 의 기초가 됨.	• 채널과 특별한 관 계를 가진 사람, 회 사	
		핵심 자원 • 인적 네트워크 조 직		**전달 체계(채널)** • 최종 고객과 긍정 적인 관계를 형성한 사람·조직을 채널 화함.		

비용 구조	수익원
• 매장이 불필요하여 채널의 효율성이 높아 판매 인센티브를 높이는 데 사용함.	• 안정적인 가격 유지로 안정적인 매출을 목표함.

▶ 경쟁 우위: 채널이 지닌 관계로 우위성을 유지함.

▶ 유의 사항: 채널이 강요 매출 활동을 하면 평판이 나빠짐.

2. 경영전략 수립 템플릿 양식

〈비전 / 미션 설정〉

경영 비전/목표

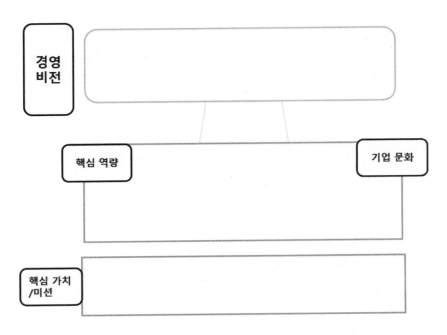

※ 기존 비전 설정 내용이 있는 경우 위 양식에 의거 정리함.

산업 동향 : 산업 특성 분석

수급 동향	수요	
	공급	
시장		
기술		
경쟁 구조		
발전 전망		
경쟁 원천		

시사점

〈외부 환경 분석〉

산업 동향 : 성장 추세 분석

| 산업 세분화 | 트렌드 | | 성장
포인트 |
	긍정적인 면	부정적인 면	

시사점

산업구조 분석

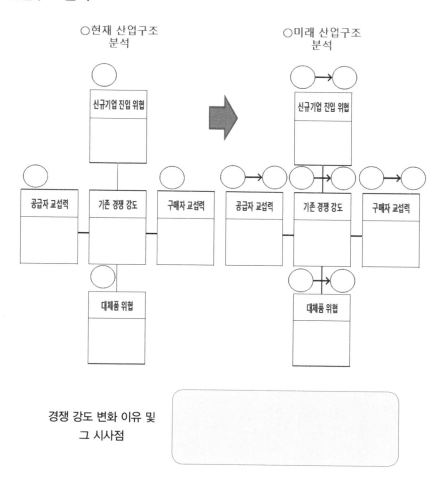

○현재 산업구조
  분석

신규기업 진입 위협

공급자 교섭력

기존 경쟁 강도

구매자 교섭력

대체품 위협

○미래 산업구조
  분석

신규기업 진입 위협

공급자 교섭력

기존 경쟁 강도

구매자 교섭력

대체품 위협

경쟁 강도 변화 이유 및
그 시사점

사업 포트폴리오 분석

BCG 성장율 / 점유율 매트릭스

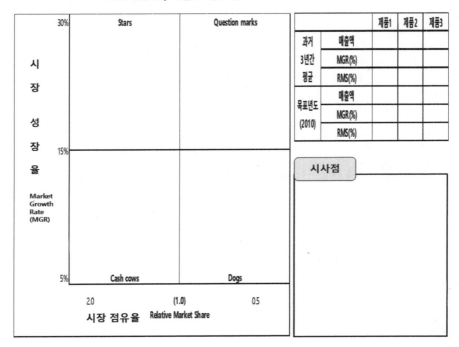

		제품1	제품2	제품3
과거 3년간 평균	매출액			
	MGR(%)			
	RMS(%)			
목표년도 (2010)	매출액			
	MGR(%)			
	RMS(%)			

시사점

경쟁사 역량 비교 분석

경쟁 능력 분석 – 경쟁사를 선정하고 아래 내용을 조사한다.

구분	경쟁사 1	경쟁사 2	경쟁사 3
정량적 회사 목표			
핵심 전략			
마케팅(4p)			
기술/R&D			
인사 조직			
강점			
약점			

내부 가치 사슬 영역의 강 · 약점을 분석

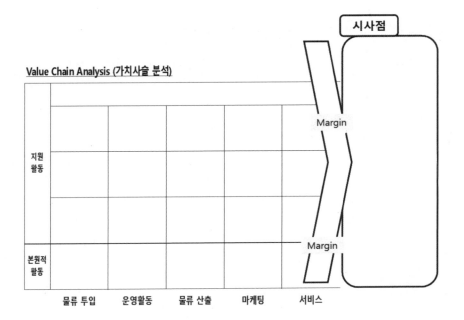

Value Chain Analysis (가치사슬 분석)

	시사점
지원 활동	Margin
본원적 활동	Margin

| 물류 투입 | 운영활동 | 물류 산출 | 마케팅 | 서비스 |

〈내부 역량 분석〉

재무 분석

분석항목	단위	자사	경쟁사 1	경쟁사 2	경쟁사 3
매출액	백만원				
영업이익	백만원				
ROS(매출액 순이익율)	%				
ROI(총자산 순이익율)	%				
ROE(자기자본 순이익율)	%				
EBITDA(이자 감가상각비 차감전 영업이익)	백만원				
총자산회전율	회				
부채비율	%				

시사점	

사업 구조 분석

사업 차원

사업구분	시장 점유율			경쟁 요소 평가(상, 중, 하)			
	2019	2020	2021	원가 지위	생산 능력	마케팅력	기술력
사업 1							
사업 2							
사업 3							

> **시사점**
>
> 시장 점유율
> 경쟁 요소 평가

경영 자원 분석

내부 능력 분석

구분	핵심 요소	강점	약점
재무			
마케팅			
기술/R&D			
생산			
정보화			
인사 조직			
기업 문화			
세계화			

시사점

외부 요인과 내부 요인을 비교하여 전략을 수립

전략 수립 방향

	기회	위협
강점	공격적 (최대한 활용)	조정 (강점을 회복)
약점	방어적 (경쟁 상황을 면밀히 관찰)	생존 (실적 호전)

▶ 포지셔닝 중심 전략: 시장 지향적인 전략
▶ 핵심 역량 중심 전략: 자원 주도적 전략

〈SWOT 분석〉

사업 전략 수립

내부 환경 외부 환경	강점(Strength)	약점(Weakness)
기회(Opportunity)	SO 전략	WO 전략
위협(Threat)	ST 전략	WT 전략

핵심 전략 과제 도출

SWOT 분석을 통해 도출한 전략	**핵심 전략 과제**

전략 과제별 중점 목표(KPI)

전략 과제 종합 목표		품질 경쟁력 확보		
전사 목표		불량률 결함률 재작업률		
부문 목표	개발	개발 완성도		
	생산	공정 불량률		
	마케팅 (영업)	클레임 발생률		
	지원	업무 재작업률		

우리 회사의 목표 달성을 위한 슬로건을 만들어 봅시다.

핵심 성과 목표　　　　　　　　**성과달성을 위한 슬로건**

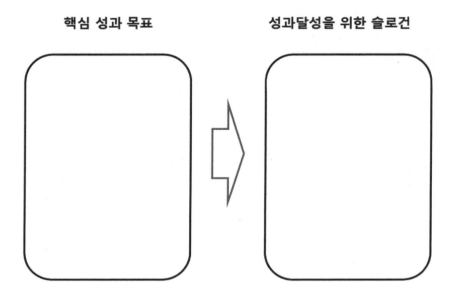

참고 문헌

[국내 문헌]

김동철/서영우, 『경영전략수립 방법론』, 시그마인사이트 (2010)

김인호, 『경영전략론』, 비봉출판사 (1989)

나도성, 『한국 컨설팅시장의 이론과 실제 Ⅰ, Ⅱ, Ⅲ』, 한성대학교 출판부 (2015, 2016, 2017)

노구치 요시야키, 『문제해결 툴킷』, 새로운 제안 (2013)

데이비드 아커, 『전략적 시장관리』, 석정 (2010)

마이클 포터, 『경쟁전략』, 경문사 (1985)

손무, 『손자병법』, 홍익출판사 (2005)

신유근, 『조직행위론』, 한경사 (2014)

시오노 나나미, 『로마인이야기 8권』, 한길사 (2013)

사이토 요시노리, 『맥킨지식 사고와 기술』, 거름 (2003)

이학종, 『전략경영론』, 박영사 (2006)

이민규, 『실행이 답이다』, 더난출판 (2015)

이에마다 마사히로, 『비즈니스 모델을 훔쳐라』, 한빛비즈 (2015)

오자사 요시하사, 『동기부여 리더십』, 코페하우스 (2013)

오스터 왈더/피그누어, 『비즈니스 모델의 탄생』, 타임비즈 (2011)

이면희, 『명품 경영학』, 청년정신 (2007)

앤 브루스/제임스 페피톤, 『동기부여의 기술』, 지식공작소 (2004)

워렌 베니스, 『리더와 리더십』, 황금부엉이 (2001)

짐 콜린스, 『경영전략』, 위즈덤하우스 (2004)

정구현/이우용/이문규 , 『마케팅 원론』, 형설출판사 (2005)

최염순, 『카네기 인간경영 리더십』, 씨앗을 뿌리는 사람들 (2006)

크리스 주크/제임스 앨런, 『핵심에 집중하라』, 청림출판 (2002)

필립 코틀러, 『전략 3.0』, 청림출판 (2013)

한국생산성본부, 「벤치마킹 아카데미」 자료 (2011)

[외국 문헌]

Aaker, 『Strategic Market Management』, Hoboken (2007)

Andrews, 『The Concept of Corporate Strategy』, New York (1987)

Ansoff, 『Implanting Strategic Management』, London (1990)

Kaplan, 『Translating Strategy into Action』, New York (1996)

Drucker, 『The Practice of Management』, New York (2006)

성공하는 기업들의 경영전략 노트

2019년 7월 31일 초판 발행
2019년 10월 20일 2쇄 발행

지은이 | 이 상 훈
펴낸이 | 양진오
펴낸곳 | (주)교학사
편집 | 김덕영

등록 | 제18-7호(1962년 6월 26일)
주소 | 서울특별시 금천구 가산디지털1로 42(공장)
        서울특별시 마포구 마포대로14길 4 (사무소)
전화 | 편집부 (02)707-5236, 영업부 (02)707-5155
FAX | (02)707-5250
홈페이지 | www.kyohak.co.kr

ISBN 978-89-09-54138-1 03320

이 도서의 국립중앙도서관 출판예정도서목록(CIP)은 서지정보유통지원시스템
홈페이지(http://seoji.nl.go.kr)와 국가자료 공동목록시스템(http://www.nl.go.kr/kolissnet)에서
이용하실 수 있습니다.(CIP 제어번호: CIP 2019027998)